イタリア古寺巡礼

ミラノ→ヴェネツィア

金沢百枝　小澤実

Medioevo in Italia

とんぼの本

新潮社

ヴェネツィアの海。6世紀以来の商都で「アドリア海の女王」と称された。左手の塔はサン・マルコ大聖堂の鐘楼。その手前がヴェネツィア総督の宮殿パラッツォ・ドゥカーレで、少し右手に大聖堂のドーム屋根も見える。前頁はナトゥルノ、サン・プロコロ聖堂の壁画(犬と牛)。

アルプスの空。世界遺産ドロミテの山中に建つアッピアーノ城礼拝堂。城は廃墟だが、堂内には色鮮やかな中世壁画の傑作[62-64頁]が残る。

MOSE

絵や彫刻は美術館で見るもの、と思っている人は多いでしょう。しかし、西洋美術の場合、その多くがかつては教会にありました。つまり、西洋美術のほとんどはキリスト教美術なのです。

そうした絵や彫刻は、19世紀以降「美術館」へ移され、展示されるようになりました。ただし、聖堂に残された美術もあります。この本で紹介する、中世の美術です。

ヨーロッパ史における「中世」は、476年（西ローマ帝国の滅亡）から1453年（東ローマ帝国の滅亡）あるいは1492年（コロンブスの新大陸発見）までですが、イタリア史では568年（ランゴバルド人の占領）から1498年（イタリア戦争を始めた仏王シャルル8世の歿年）とされます。

中世美術が聖堂に残っている理由は、絵の多くが板やカンヴァスではなく、壁面にフレスコやモザイクで描かれたこと、彫刻も主に壁や柱に刻まれたため、外に持ち出せなかったからですが、それだけではありません。次のルネサンス時代以降、中世の美術は時代遅れと見なされ、あまり評価されてこなかったのです。

しかし、と私は思います。そんな従来の評価を鵜呑みにせず、ぜひ中世の美を「発見」してください。中世の美術には決りごとがありません。自由です。奔放です。教会の「実用品」として、人々の心に（眼や頭ではなく）いかに響くか——そのことに一途な美術なのです。

金沢百枝

ラヴェンナ、サン・ヴィターレ聖堂内陣のモザイク。6世紀前半の作で、モザイク芸術の頂点とされる。柱の間から見えるのは東ローマ帝国の皇妃テオドラと侍女たち。色あせない輝きはモザイクならではのことだ。

なだらかなロンバルディア平野をポー川が突き抜ける北イタリアは、歴史ある都市とその周辺に広がる豊かな農村に満たされた空間である。ジェノヴァ、ミラノ、パルマ、パドヴァ、ラヴェンナ、ヴェネツィア……。わたしたちがイタリアを語るとき、口の端にのぼる美しい観光地。それらの多くは栄華を極めたローマ帝国が解体した後、中世という時代に成立した自治都市である。北イタリア都市の貌は中世が形づくっている。

北イタリアのエッセンスは中世にある。けれどもその歴史を紐解けば、中世は自治都市にすむ都市民だけのものではないことがわかる。ローマ帝国の遺産の上に、アルプス山脈を越えてくる「蛮族」やドイツ王国（神聖ローマ帝国）、東地中海を艦隊でわたる東ローマ帝国（ビザンティン帝国）、西地中海沿岸から入り込むフランス王国などが折り重なる。王侯貴族だけではなく、商人、職人、学生、巡礼者らも頻繁に行きかう空間。中世の北イタリアをただ都市民の歴史と考えると、その豊かな歴史の重層性を見失ってしまう。北イタリアは、地中海、北ヨーロッパ、そしてユーラシアとの接触の歴史が刻み込まれた地域なのである。

このような北イタリアの歴史は、ただ観光地を歩いているだけでは見えないかもしれない。しかし、今はしずかにたたずむ教会に立ち寄り、その成り立ちと来し方をふり返ってみれば、そこかしこに痕跡を残していることがよくわかる。本書ではそんな世界を追体験してみたい。

小澤実

ヴェネツィアのトルチェッロ島にあるサンタ・マリア・アッスンタ大聖堂。奥のモザイク（11世紀末）は、作家の須賀敦子さん最愛のマリア像だった。静かな島の、ひっそりとした聖堂。

目次

どこまでも続く平原と並木道。エミリア・ロマーニャ地方ではよく見かける風景だ。ポンポーザ附近で。

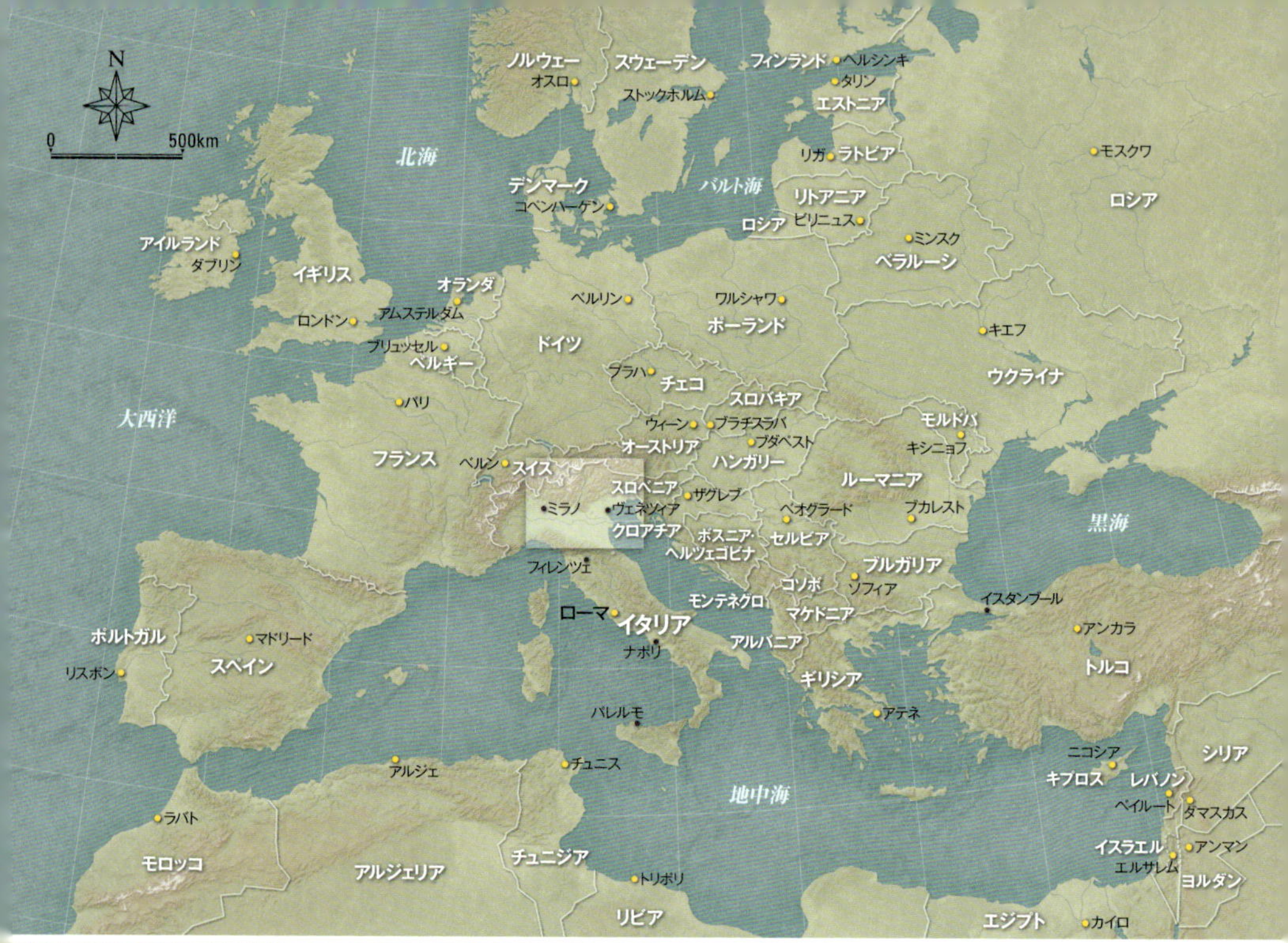
N
0
500km
北海
大西洋
バルト海
黒海
地中海
ノルウェー
オスロ
スウェーデン
ストックホルム
フィンランド
ヘルシンキ
タリン
エストニア
リガ
ラトビア
モスクワ
ロシア
デンマーク
コペンハーゲン
リトアニア
ロシア
ビリニュス
ミンスク
ベラルーシ
アイルランド
ダブリン
イギリス
ロンドン
オランダ
アムステルダム
ベルリン
ワルシャワ
ポーランド
ブリュッセル
ベルギー
ドイツ
キエフ
ウクライナ
プラハ
チェコ
スロバキア
パリ
ウィーン
ブラチスラバ
モルドバ
キシニョフ
オーストリア
ブダペスト
フランス
ベルン
スイス
ハンガリー
ルーマニア
スロベニア
ザグレブ
ミラノ
ヴェネツィア
クロアチア
ベオグラード
ブカレスト
ボスニア・
ヘルツェゴビナ
セルビア
フィレンツェ
ブルガリア
コソボ
ソフィア
ローマ
イタリア
モンテネグロ
マケドニア
イスタンブール
ポルトガル
マドリード
スペイン
リスボン
ナポリ
アルバニア
アンカラ
トルコ
ギリシア
パレルモ
アテネ
アルジェ
チュニス
ニコシア
キプロス
シリア
レバノン
ベイルート
ダマスカス
ラバト
モロッコ
アルジェリア
チュニジア
イスラエル
エルサレム
アンマン
ヨルダン
トリポリ
リビア
エジプト
カイロ

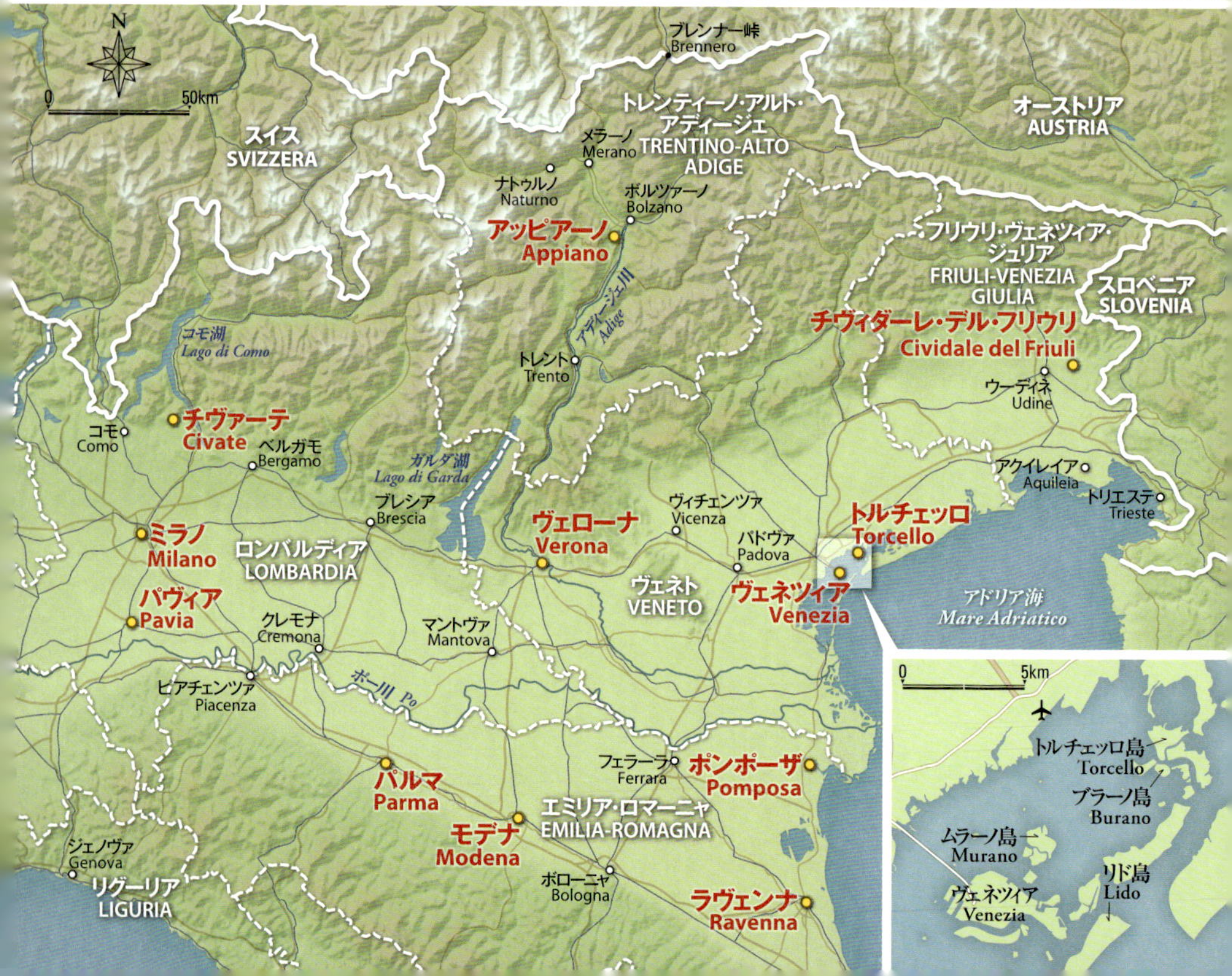
N
0
50km
ブレンナー峠
Brennero
オーストリア
AUSTRIA
スイス
SVIZZERA
トレンティーノ・アルト・
アディージェ
TRENTINO-ALTO
ADIGE
メラーノ
Merano
ナトゥルノ
Naturno
ボルツァーノ
Bolzano
アッピアーノ
Appiano
アディージェ川
Adige
フリウリ・ヴェネツィア・
ジュリア
FRIULI-VENEZIA
GIULIA
スロベニア
SLOVENIA
チヴィダーレ・デル・フリウリ
Cividale del Friuli
コモ湖
Lago di Como
トレント
Trento
ウーディネ
Udine
コモ
Como
チヴァーテ
Civate
ベルガモ
Bergamo
ガルダ湖
Lago di Garda
アクイレイア
Aquileia
トリエステ
Trieste
ブレシア
Brescia
ヴィチェンツァ
Vicenza
トルチェッロ
Torcello
ミラノ
Milano
ロンバルディア
LOMBARDIA
ヴェローナ
Verona
パドヴァ
Padova
ヴェネト
VENETO
ヴェネツィア
Venezia
アドリア海
Mare Adriatico
パヴィア
Pavia
クレモナ
Cremona
マントヴァ
Mantova
ポー川
Po
ピアチェンツァ
Piacenza
パルマ
Parma
フェラーラ
Ferrara
ポンポーザ
Pomposa
モデナ
Modena
エミリア・ロマーニャ
EMILIA-ROMAGNA
ジェノヴァ
Genova
リグーリア
LIGURIA
ボローニャ
Bologna
ラヴェンナ
Ravenna
0
5km
トルチェッロ島
Torcello
ブラーノ島
Burano
ムラーノ島
Murano
リド島
Lido
ヴェネツィア
Venezia

イタリア半島の歴史と美術

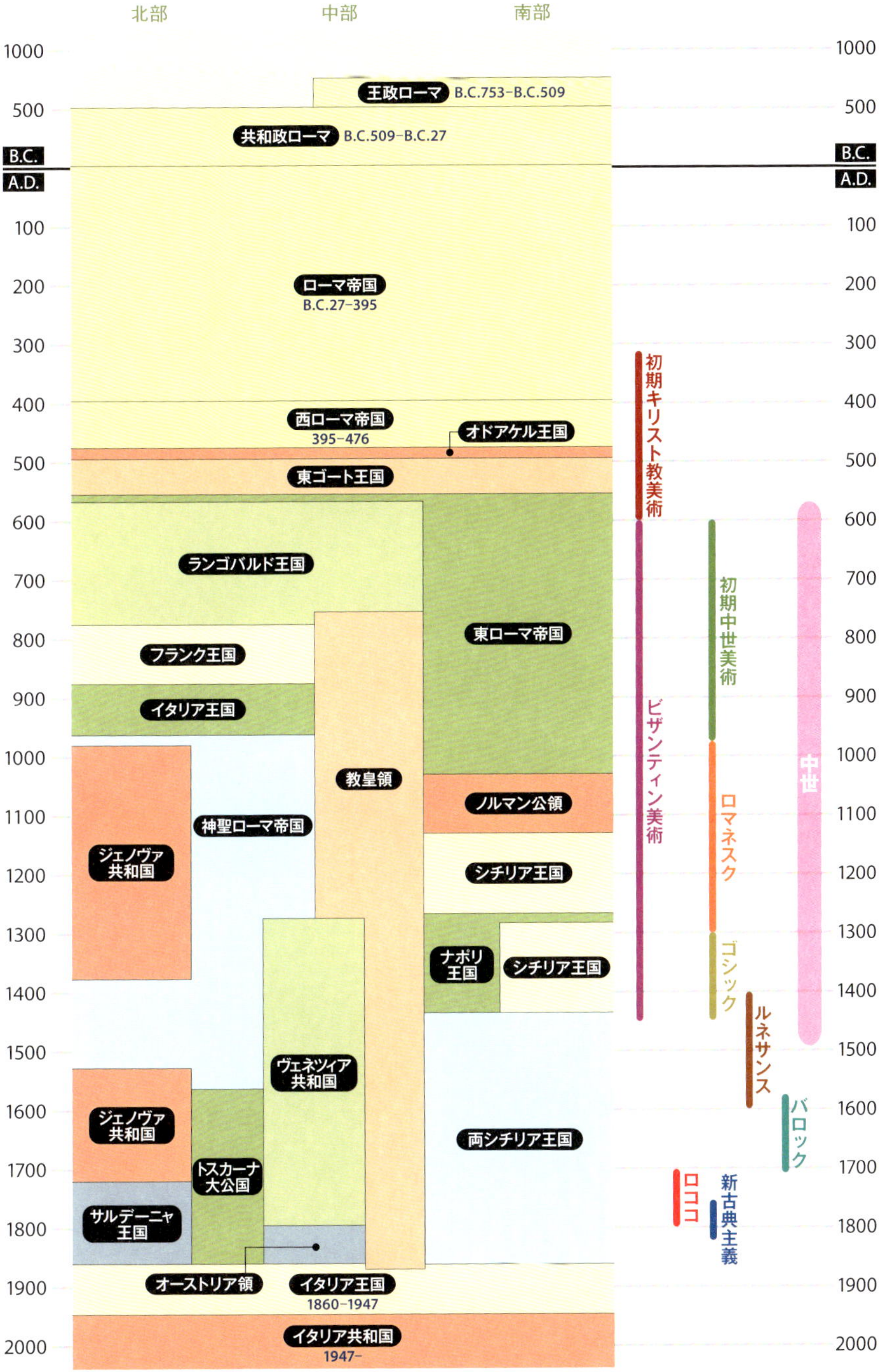

ミラノ

中世的世界の幕開け

サンタンブロージョ聖堂

Basilica di Sant'Ambrogio, Milano

上・左頁／ドゥオモ（大聖堂）など市の中心部からはやや西にある。創建は386年と古く、現在の建物は主に11-12世紀半ばの建造。右の鐘塔は9世紀半ば、左は12世紀前半。左頁は日曜のミサを終えて聖堂から出てきた人々。

上／柱にしがみついている牛たち。しかも聖堂正面の扉口。
意味は不明だが、いかにもロマネスク美術の表情。11世紀末
右頁／聖堂の手前に回廊で囲まれた前庭(アトリウム)がある
のがここの建築的特色。大小のアーチのつらなりが心地よい。

右／アトリウムの柱頭彫刻は抽象から具象まで種々あって楽しい。
これは羊飼と犬と羊。頬を寄せあう仕草がかわいい。11世紀末
左／アトリウム入口から見た聖堂。このホームベース形の正面の
デザインは、北イタリアの教会建築の原形のひとつとなった。

右／堂内も柱頭彫刻ほか、左手の説教壇とその下の古代の石棺、黄金の祭壇とその天蓋など、見どころが多い。
左／説教壇は愉快なロマネスク彫刻で飾られる。写真はギリシア神話の巨人アトラス。天を支えている。1100年頃

上・左頁／金、銀、宝石、七宝による豪華な祭壇飾りは、初期中世美術の至宝。祭壇の側面四方を飾る。左頁は正面の中央部。キリストを四福音書記者（の象徴）と12使徒が囲む。キリストの光背にはダイアモンドも使用。上は裏側で、七宝細工の女性や水玉文様が素敵だ。9世紀半ば

美術

ロマネスクの遊び心

煉瓦造で、一見地味な聖堂ですが、ミラノの守護聖人アンブロシウス（339頃-97）の遺体が納められています。創建は386年、ミラノ司教だったアンブロシウスによるものです。いまの建物はおもに11-12世紀半ばの改築ですが、聖堂の手前、回廊にかこまれた「前庭《アトリウム》」は創建時の姿に近いとされ、キリスト教聖堂の原初のかたちを伝えています。ただし回廊と聖堂の屋根は第二次大戦時に破壊、復元されたものです。

古代末期にはまだ洗礼を受けていない市民も多く、彼らは聖堂内に入れず、前庭で説教を聞いていました。裁判や集会もここで開かれ、災害時には人々の避難場所にもなりました。そうした前庭をとりかこむ回廊の柱の上端（柱頭）に刻まれたロマネスク時代の彫刻［18頁右］が、ここの楽しい見どころです。

葡萄の木に小鳥が憩う浮彫は、古代ローマの「豊穣」のイメージを受けつぐ「楽園」の情景。半人半馬のケンタウロスはギリシア神話に由来しますが、キリスト教的には意味はなく、幻獣として刻まれたものでしょう。柱頭ではありませんが、私の一番のお気に入りは、聖堂扉口の柱にしがみついている牛［17頁］。柱の根元にはニコニコほほえむ羊もいて、心が和みます。なぜここに牛や羊がいるのかは、残念ながらわからないのですが。

堂内へ入りましょう。次に見逃せないのは、少し奥の左手にある石の説教壇です。1100年頃の作で、古代（4世紀末）の石棺を覆うように置かれています。石棺の主は、ラヴェンナの章で登場するローマ帝国の皇女ガッラ・プラキディアの養父スティリコと伝えられています。ギリシア神話の巨人アトラスを刻むなど［19頁左］、古代の石棺にふさわしいように、説教壇も古代風に造られています。アトラスは天を支える巨人なので、壇上を「天」に見立てたのでしょう。古代風といっても、ロマネスク時代の美術は少し感覚がズレていて、アトラスの腕なん

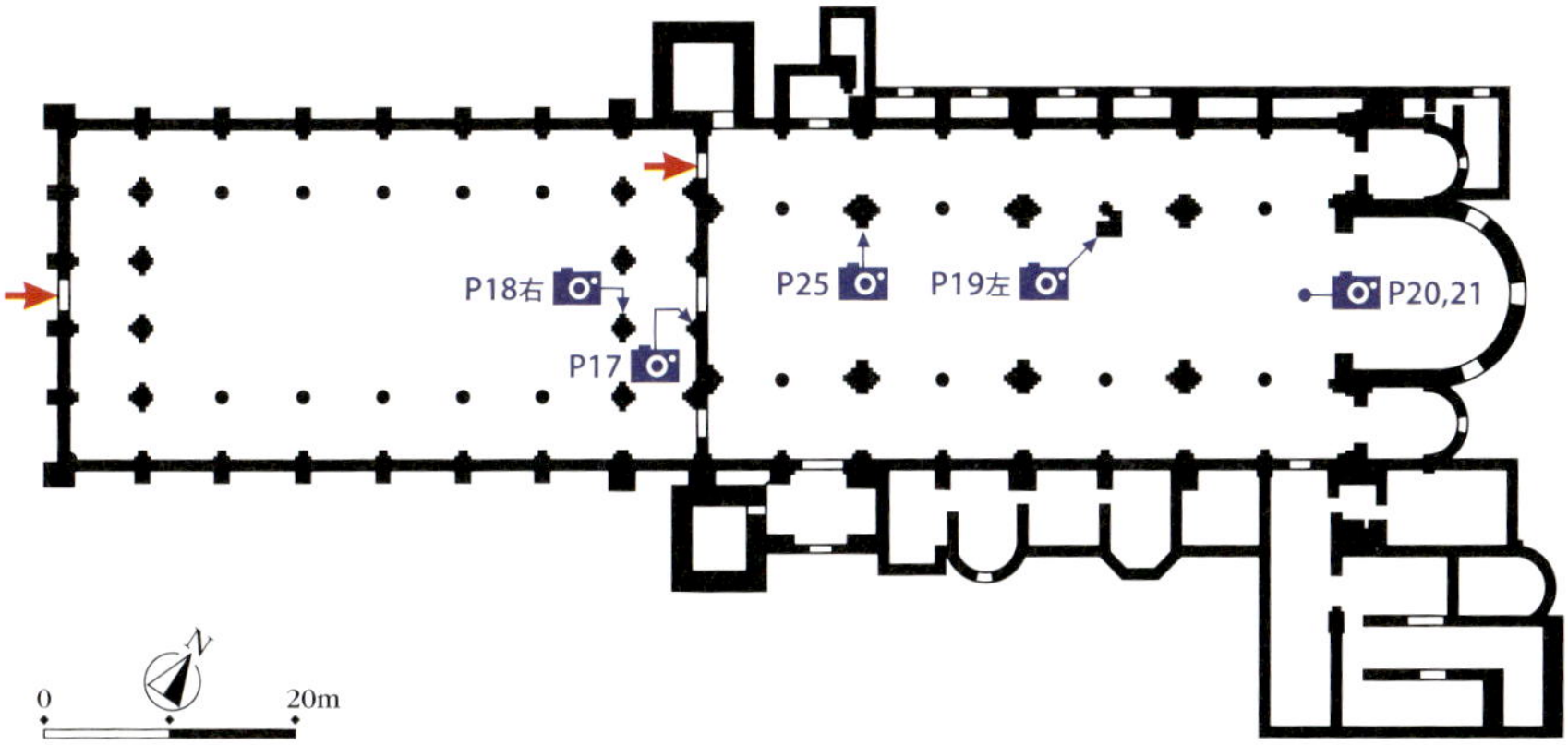

サンタンブロージョ聖堂

Basilica di Sant'Ambrogio

てゴム人形みたいです。真剣な表情も何となくおかしい。

聖堂内で最も大事な場所は、祭壇を置く内陣です。ここの祭壇飾り（9世紀半ば／20－21頁）はヨーロッパでも一、二を争う名品。金銀、貴石、七宝などを用いた金工細工は、中世を通じて最も高価な装飾技法でしたが、鋳溶かせば再利用できるため、あまり残っていません。現存するだけでも貴重なのに、サンタンブロージョの祭壇はとくに細工が細かく、人物の描写も躍動的で巧みです。表には「栄光のキリスト」、裏には聖アンブロシウス伝が打ち出されていますが、金細工師はアンブロシウスから冠を授かる自身の姿と署名（ウォルウィニウス）を入れています。自作に自画像とサインを残した最初期の例です。よほど自信があったのでしょうね。この祭壇の地下に、聖堂の本来の宝物である聖アンブロシウスが眠っています。

文　金沢百枝

歴史

皇帝を屈伏させた司教

ミラノのサンタンブロージョ聖堂に葬られる守護聖人アンブロシウス（339頃－97）は、古代末期の帝国政治を知り尽くした人物であった。

アンブロシウスは、ガリアの長官という高級官僚の息子としてドイツのトリーアに生まれた。彼は、当時の裕福な家庭の子弟の多くがそうであったように、修辞学や法学を修め、成人した後は学んだ知識をもとに法廷代弁人として名を馳せた。そして30歳そこそこでイタリア中北部のエミリア・リグリア管区知事という地位にまで駆け上った。知事の居所は、293年の分割統治以降ローマ帝国の西の首都となったミラノ。皇帝の側近として、将来の明るい政治家であった。

転機はすぐに訪れた。三位一体説を否定するアリウス派のミラノ司教の死後、後継者を選出する会議が開かれた。まだ洗礼を受けていなかったアンブロシウスが弁論をはじめると、「アンブロシウスを司教に！」という歓呼の声が上がった。ミラノの民衆は、弁舌巧みで政治手腕もあるアンブロシウスに、彼らを導く司教としておおいに期待していたのである。官僚であったアンブロシウスは、当初司教になることを固辞していたものの、結局374年に洗礼と叙階をうけ、司教職におさまった。

皇帝のおひざもとの司教として、アンブロシウスは精力的に活動した。しかしながらアンブロシウスは、ただ教会で典礼書を繰り、ひとびとに説教をくりかえすだけの司教ではなかった。ローマ皇帝に近侍するという利点を生かし、皇帝に自分の考えを積極的に訴えかけた。幼少のグラティアヌス帝には、著書『信仰について』を与えてアリウス派の危険を説いた。教会と皇帝の関係を問うたウァレンティニアヌス帝には、「皇帝は教会の中にいるのであって、教会の上にいるのではない」と言い切り、世俗権力に対する教会の優位性を主張した。そしてローマ帝国を再統一したテオドシウス帝が、390年にギリシアのテッサロニケにおいて、反逆の疑いのかどで何千ものひと

聖アンブロシウスの肖像と伝わる壁画。13世紀前半

びとを殺害すると、ただちにこの行為を糾弾し、破門をたてに、公衆の面前での贖罪を求めた。現人神《あらひとがみ》として崇拝の対象であった皇帝を、一司教が屈服させたのである。アンブロシウスの、そして教会の権威は、いやがうえにも増した。

３９２年、テオドシウス帝は、アリウス派を禁じ、三位一体を奉じるカトリックをローマ帝国の国教とした。このような政策を断行する皇帝の背後に、教会を国家の上に位置づけるアンブロシウスの影があったことは想像に難くない。幼少の頃から政治の世界で生きてきたアンブロシウスは政治を利用するすべも知っていた。４００年前、パレスチナの片隅に生まれたキリスト教は、アンブロシウスによって、ローマ人の精神生活を支配することになった。キリスト教が社会の隅々にまで溶け込んだ世界、ヨーロッパ中世世界の幕開けである。

文
小澤実

パヴィア

看板建築の起源
サン・ミケーレ・マッジョーレ聖堂

Basilica di San Michele Maggiore, Pavia

上・左頁／パヴィアはティチーノ川沿いの落着いた街。かつてはランゴバルド王国の首都だった。聖堂は川のそばにある。建造は12世紀初め。砂岩製で、壁の浮彫はかなり風化しているが、それが「味」になっている。左頁の中央は禁断の実を食べるアダムとエヴァ。

右／西側正面の反対側、後陣部の外観。連続する半円アーチもロマネスクの特色。煉瓦も多用している。
左／正面扉口の柱頭。人魚は「誘惑」の象徴。隣は人形焼みたいだが、殉教者の生首、ゲルマンの風習だった首狩り、との説も。この部分は大理石製。12世紀初

右／内陣の床モザイク。一部しか残っていないが、当初は巨大な迷路が描かれており、中央にはギリシア神話のミノタウロス（牛頭人身の怪物）がいたという。写真は「3月」の擬人像。春風を吹かせている。髪形が……。12世紀前半
左／堂内。祭壇の下に地下（半地下）聖堂がある。

美術

磨滅する楽園

欧米の研究者の多くは、この聖堂の外壁の風化を「損傷」と見なして残念そうに語るのですが、私はこの磨滅が美しいのに、といつも思います。素材は砂岩です。砂岩は加工しやすく、色も美しいのですが、もろいのです。

建物から見てゆきましょう。12世紀前半の改築ですが、画期的だったのは西側正面のスクリーン・ファサード。正面の壁の面積を必要以上に大きくして、聖堂を実際より大きく見せる手法です。こうした「看板建築」的手法は、西洋では12世紀ロンバルディア地方の聖堂建築から始まりました。その後イタリア各地へ広がり、ルネサンスやバロック建築で多用されることになります。サン・ミケーレ聖堂の脇にまわりこむと、その「こけおどし」ぶりがよくわかります。

続いての見どころは扉口の彫刻です。ここに限らず、聖堂の扉口は中世美術にとって大事な場所です。神聖な堂内への入口であるとともに、裁判や商取引が行なわれる公の場所でもありました。おのずと装飾も念入りに施されます。初期キリスト教時代（4–5世紀）の聖堂扉口はシンプルで、蔓草文や幾何学文くらいでしたが、11–12世紀のロマネスク時代になると、キリストやマリアを始め聖書の人物、物語で飾られました。その傾向はとくにフランスで顕著で、ゴシックの大聖堂で頂点に達します。

一方、イタリアには初期の聖堂が多く残っており、ロマネスク時代に聖堂を新築、改築する際にもそれらを手本としたため、扉口装飾も古風です。サン・ミケーレ聖堂も御多分にもれず、蔓草のからまりのところどころに小鳥や獅子が憩うという古典的な表現が基調です。それが焼きたてのビスケットみたいで楽しいのですが、よく見ると、人魚［28頁左］やドラゴン、籠を背負った農夫などがいます。そこはロマネスクなのです。

ロマネスクの装飾原理を、それ以前との比較においていえば、「楽園からの逸

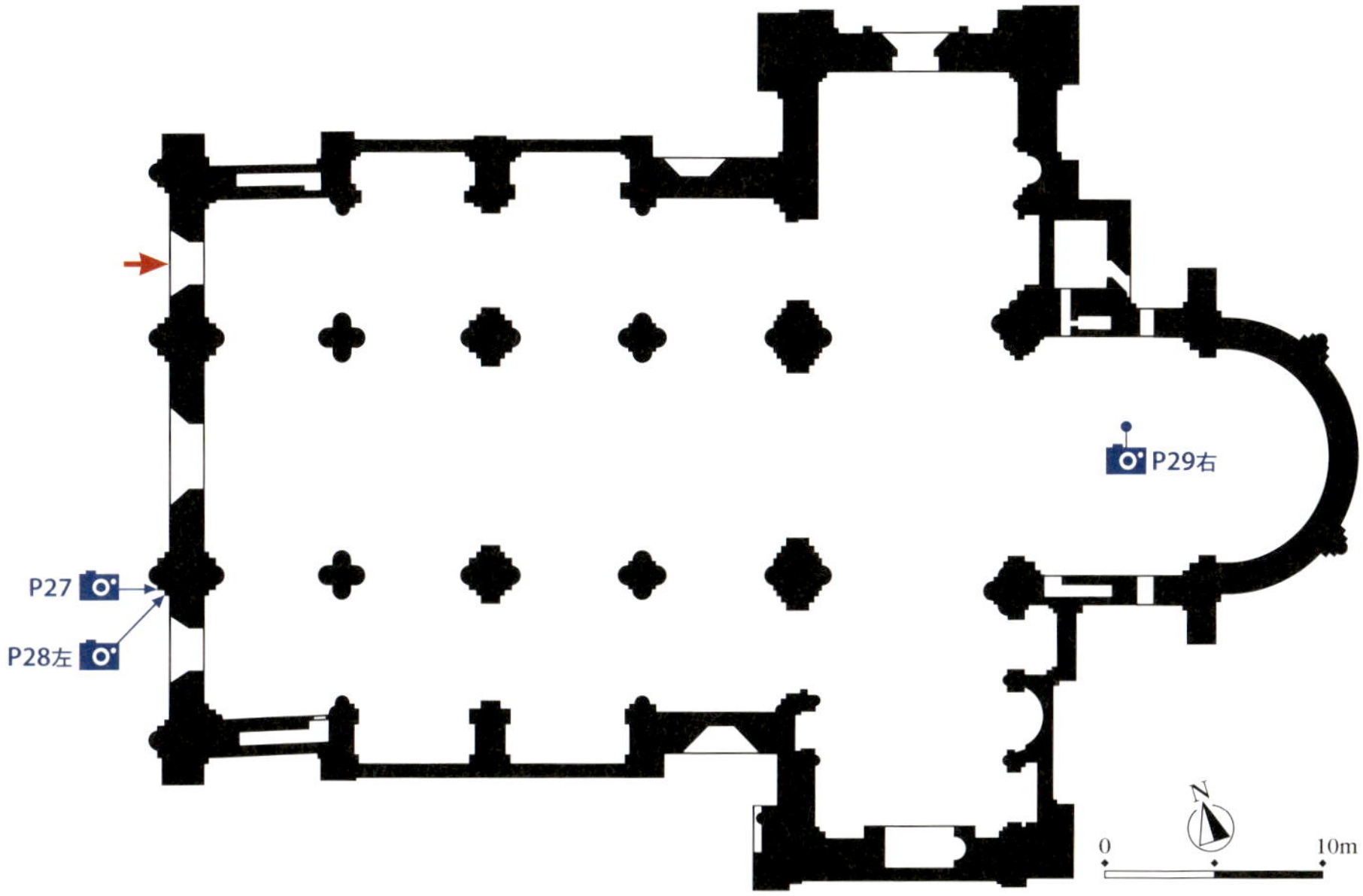

サン・ミケーレ・マッジョーレ聖堂

Basilica di San Michele Maggiore

脱」ということになります。楽園の古代的表現である蔓草と動物のうち、蔓草は残っていますが、無垢な動物たちはドラゴンや人魚といった得体の知れない幻獣、あるいは労働する人間などに変化しています。それらは「危険」や「苦難」の象徴なのです。

いまは部分的に残るのみですが［29頁右］、かつては聖堂内陣の床一面にモザイクが施されていました。何が描かれていたかといえば、迷路です。それは人々が生きる「地上世界」の象徴でした。キリスト教では聖堂全体を「全宇宙」と見なします。そして「天上世界」を天井や円蓋に描き、「地上世界」は柱や床、そして外壁に描きます。古代や中世初期の聖堂では「地上」にも楽園の情景が描かれていました。しかしロマネスク時代の「地上」は、すでに楽園ではなくなりつつあったことが、磨滅したサン・ミケーレの壁を見ているとわかります。

文　金沢百枝

歴史

イタリア王の戴冠

568年、ハンガリーからイタリア半島に侵入したゲルマン人の一派ランゴバルド人は、瞬く間に北イタリア全域にその支配勢力を拡大した。彼らは、法制度というローマ帝国の遺産と、信仰生活というキリスト教文化を十分に吸収し、北のフランク王国や東のビザンティン帝国とも対等にわたりあう王国へと成長した。このランゴバルド人が首都に定めたのがミラノ近郊のパヴィアである。そこに宮殿を建て、歴代王は即位式を挙行した。

751年、ランゴバルド人はビザンティン帝国の支配下にあったラヴェンナを征服し、イタリア中部を東西に貫く教皇の支配地域へも触手を伸ばした。教皇ハドリアヌス1世から救援の要請をうけた北方の雄、フランク王国のカール（のちの大帝）は、アルプスを越えてイタリア半島に進軍し、774年にパヴィアを陥落させ、ランゴバルド王国を滅亡させた。それまで「フランク人の王」であった彼は、ランゴバルド王国の征服以降「フランク人の王にしてランゴバルド人の王」となった。カール以降、イタリアを支配するものは、パヴィアで即位式を挙げ、「ランゴバルド人の王」を、その後「イタリア王」を名乗ることになった。

この即位式が挙行されたのがサン・ミケーレ聖堂である。ランゴバルド時代まで起源をさかのぼる聖堂は、12世紀に大規模な改修を受け、ロマネスク様式の美しい構えとなった。その改修作業の直後である1155年6月、この教会で、イタリア王として即位式を挙げた人物がいる。ドイツ王にして神聖ローマ皇帝フリードリヒ1世バルバロッサ（赤髭《あかひげ》王）である。実り豊かなイタリア半島を手中に収めようと、アルプス山脈を越え、生涯に六度もイタリア遠征を敢行した人物である。王の伝記作家であるフライジング司教オットーは『フリードリヒの事績』で次のように述べる。「ランゴバルド人の王たちがかつて宮殿としたパヴィアのサン・ミケーレ教会で、多数の市民に囲

正面扉口の前で。地元のおじさんだが、しばらく立ち止まって浮彫を見ていた。

まれながら、フリードリヒは戴冠した」

即位につきものなのは、王冠である。バルバロッサが身につけたと思しき王冠が、ミラノ北部のモンツァ大聖堂に保管されている。「鉄の王冠」である。直径15センチの冠の内側に鉄のベルトが走っていることからついた名前である。伝承によれば、6世紀末のランゴバルド王アウタリの妻テオデリンダの所有であったとされるこの王冠は、歴代ランゴバルド王以来、19世紀にいたるまで、イタリアを支配するすべての者が頭頂に戴いた、といわれる。その中にはかのナポレオンもいた。

ランゴバルド人の首都パヴィアでの、ランゴバルド起源の「鉄の王冠」による戴冠式。これが初期中世以降、イタリアを統《す》べるものにとって不可欠の儀式であった。ランゴバルドの後継者であることが、イタリアを支配することだったのである。

文 小澤実

チヴァーテ

山上に残された絶品
サン・ピエトロ・アル・モンテ聖堂

Basilica di San Pietro al Monte, Civate

上・左頁／麓の町から徒歩で1時間ほど登る。急坂だが悪路ではない。取材は3月で、路傍には西洋サクラソウ[左頁]ほか可憐な草花が咲いていた。聖堂(左)の建造は11世紀末。右はサン・ベネデット祈禱堂。拝観は要予約。

上／入口入ってすぐの天井には「天上のエルサレム」が描かれる。キリストが手にする本には「渇いた者は誰でも来なさい」とあり、足もとから清水が流れている(生命の泉)。汗だくで登ってきた者には嬉しい絵。11世紀末
右頁／バルコニーのような玄関間(ナルテックス)。ここからの眺望は素晴しい。

EXCELSIS·DEIECTVS·INDE·SVPERBIS
CVQVIBVS
FIDE FOSSVS

入口側の壁には「ヨハネ黙示録」の場面が描かれる。母親(左端)が赤子を神に委ねようとするが、七つの頭を持つ竜がそれを襲う。そこに大天使ミカエルほか天使の軍団が現れて竜を退治、赤子は無事キリストのもとへ、という図で、イタリア・ロマネスク壁画の最高傑作のひとつ。失われたキリストの顔は、小羊や周囲の植物文と同様、漆喰彫刻だった。11世紀末

右／入口側の天井(左が入口)。壺から溢れる水は
楽園に流れる四大河の表現。その奥では天使たち
が「最後の審判」を告げるラッパを鳴らす。
左／祭壇のある内陣から東の入口側を見る。当初
は東側に祭壇があったが、のちに逆にした。

右／聖堂へはスロープのような石段を上がってゆく。
堂内は2階建で、上階が壁画のある本堂、地下聖堂には「聖母の死」などの漆喰彫刻がある。
左／いまは廃寺だが、地元の人が交代で管理している。
宿直所のキッチンで、ワインとパスタ、パンチェッタのランチを振舞ってくれました。左は著者の金沢さん。

美術
第二のローマ

麓からは一本道で、迷うことはありませんが、かなり急な山道です。路傍に咲く花を見ながら、1時間ほど登りました。車では行けません。くたびれますが、後悔はしないでしょう。湖を見下ろす素晴しい眺めと、「楽園」を描いたロマネスク壁画の傑作が見られるから。

創建は8世紀末、ランゴバルド王デジデーリオによると伝えられています。サン・ピエトロは聖ペテロで、12使徒のひとり、初代のローマ教皇です。そのペテロの聖遺物（右腕や、獄中で繋がれていた鎖など）を、9世紀、ミラノ司教アンジルベルト2世がチヴァーテへもたらしました。ちなみにこの司教は、ミラノのサンタンブロージョ聖堂にある祭壇［20－21頁］の注文主でもあります。

キリスト教徒にとってペテロの聖遺物は大変ありがたいものです。当然、巡礼者が数多く集まり、9世紀中にはすでに「第二のローマ」として有名でした。巡礼者に免罪符（贖宥状）を販売する許可も得ていました。ただし、ペテロの聖遺物は後代にローマへ移され、ここにはもうありません。1611年に最後の司祭が山賊に殺され、1757年には鐘塔が倒れました。いまは地元の人々が管理しています。

この聖堂は変ったかたちをしています。参道からまず見えるのは小さな祈禱堂で、本堂はその後ろにあります。スロープ状の石段［41頁右］を登り、扇形の玄関間《ナルテックス》［36頁］を抜けて堂内へ入ります。

ここで聖堂の平面図［左頁］を見ましょう。キリスト教の聖堂では、基本的に、祭壇は長方形の堂内の奥に置かれます。その場所を内陣といい、祭壇の後方を後陣と呼びます。後陣の壁は半円になることが多いのですが、それは円蓋天井などと同じく、天をかたどっているからです。

チヴァーテの聖堂の平面図を見ると、東西の両端が半円になっています。ふつうは東端のみで、ここも当初はそうだったのですが、11世紀末の改築の際、西端にも後陣を設けて祭壇を移しました。理由はおそらく、「第二のローマ」として

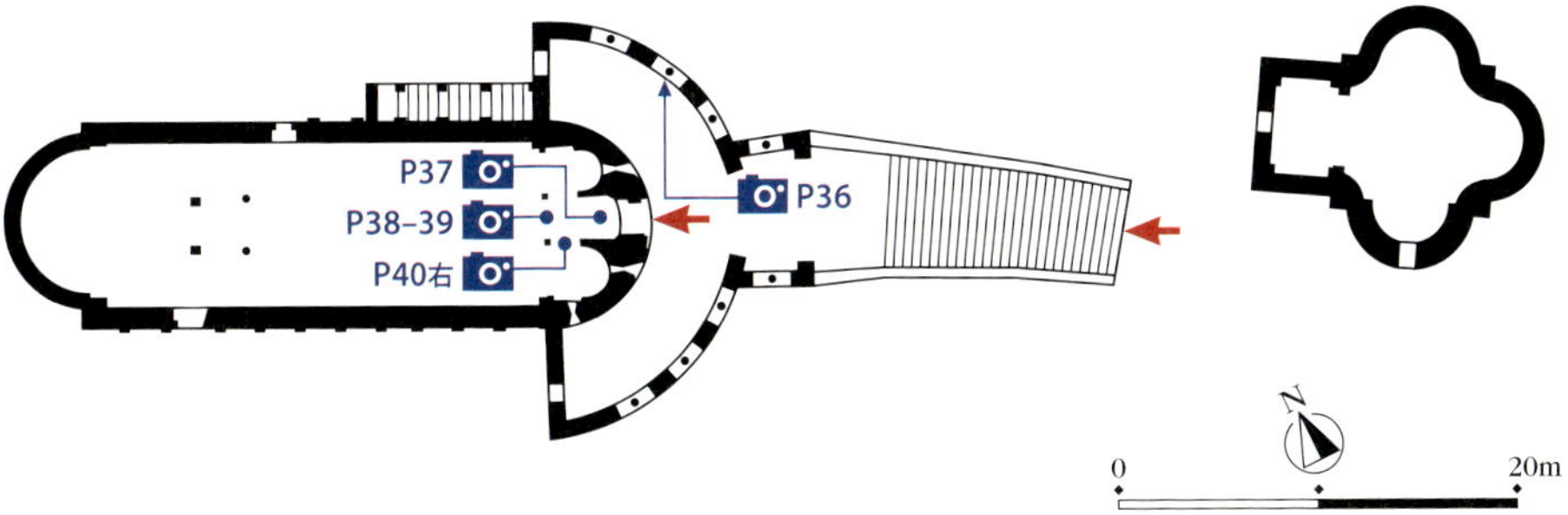

サン・ピエトロ・アル・モンテ聖堂

Basilica di San Pietro al Monte

の自負から、やはり西端に後陣を持つヴァチカンの旧サン・ピエトロ大聖堂（4－15世紀）にならったのではないかと思います。

お目当ての壁画は、東側扉口を入ってすぐの天井と壁に描かれています［40頁］。いずれも11世紀末の作ですが、「天上のエルサレム」［37頁］その他と、「大天使ミカエルの竜退治」［38－39頁］では画風がやや異なります。後者の強い陰影表現には、ドイツのオットー朝美術（10世紀）の影響も見られますが、背景をだんだら縞に塗りわけるなどはいかにもロマネスクです。太く明確な描線に多くの鮮やかな色を使い、またハイライトを多用した人体表現もスムースです。これほど質の高いイタリア・ロマネスクの壁画は、かつてはミラノやローマその他でも多く描かれたはずですが、残念ながらあまり残っていません。

文 金沢百枝

歴史
改悛の山籠もり

伝承によれば、チヴァーテにたつサン・ピエトロ・アル・モンテ修道院の建立は、最後のランゴバルド王デジデーリオが統治した8世紀後半にさかのぼる。蛇行する山道を小一時間ほど歩いてようやく到着するこの小さな修道院跡には、意外な人物が埋葬されている。ミラノ大司教アルノルフォ3世である。

アルノルフォが活動した11世紀後半の北イタリア、とりわけミラノでは、都市を二分するたいへんな緊張が走っていた。司教や修道院長を任命する権能である聖職叙任権をめぐって、神聖ローマ皇帝とローマ教皇が対立した叙任権闘争の時代だったからである。息のかかった人物を司教につけて権力の安定を図ろうとする皇帝側も、聖職叙任という宗教行為への世俗権力の介入を排除しようとする教皇側も、ひとびとに自分の正当性を訴えかけた。同じ都市のなかでも皇帝に与《くみ》する派閥と教皇に与する派閥が争った。ミラノでは、教皇の理念に共感したパタリアと呼ばれるひとびとが、皇帝派と手を結んだ大司教を繰り返し批判した。

アルノルフォは、まさにこの闘争の渦中にいた。神聖ローマ皇帝と関係が深いミラノ大司教は、長年にわたり皇帝によって聖職叙任されていた。アルノルフォもこの例に漏れず、1093年12月にミラノ大司教に選出され、時の皇帝ハインリヒ4世の息子コンラート2世により叙任された。しかしながらここで待ったがかかる。改革教皇ウルバヌス2世の意を受けた特使は、アルノルフォが大司教となることを認めない、というのである。

理は教皇の主張にあると考えた彼は、皇帝側の叙任を受けたことを恥じ、改悛の気持ちを示すために山籠もりにはいった。その場所として選ばれたのが、ミラノからさほど遠くないチヴァーテのサン・ピエトロ修道院である。ミラノに戻った彼は、北イタリアを巡行していた教皇ウルバヌス2世と和解し、1095年に大司教のあかしである司教衣《パッリウム》を受け取ることで、正式にミラノ大司教として聖別された。これ以降アルノルフォは熱心

麓の町から見た祈禱堂と聖堂。取材の途中で雪が降り始めた。

な教皇派となり、教皇の理想を推し進め、1097年にこの世を去った。

なぜミラノ大司教であった彼は、ミラノにある著名な教会ではなく、人里はなれたチヴァーテへ埋葬されることを望んだのだろうか。修道院の名前を思い返してみよう。サン・ピエトロとは聖ペテロ、つまり初代教皇ペテロの名前である。全ヨーロッパで見られるサン・ピエトロ教会がそうであるように、チヴァーテのこの小さな修道院もまた、ローマのサン・ピエトロ大聖堂の建築様式を模して造られた聖所であった。教会人事に世俗権力の介入などなかったペテロの時代、つまり使徒の時代に立ち戻ろうとする改革教皇たちの理念に共感したアルノルフォにとって、サン・ピエトロ修道院は、模範とすべき人物と時代を想起させる心地よい空間であった。彼の心のうちをそのように推し測ることもできるだろうか。

文 小澤実

美術のなかの物語｜1

キリスト降誕

金沢百枝

キリスト教美術の主題のなかで、最も喜ばしい場面といえば「降誕」（キリストの誕生）でしょう。乙女マリアが臨月の頃、初代ローマ皇帝アウグストゥスが人口調査を行ないました。そのため人民は父祖の地へ戻らなければならず、ヨセフとマリア夫妻もナザレからベツレヘムへ行くのですが、宿はどこも一杯です。産気づいたマリアは、厩となっていた洞窟でイエスを産み、飼葉桶のまぐさの上に寝かせました。夜空には、救世主誕生を告げる新星が輝いていました。

「降誕」の記述は新約聖書の四福音書のうち、ルカとマタイにあり、マルコとヨハネにはありません。降誕祭《クリスマス》を12月25日に定めたのは354年のことで、冬至の日にあわせて、便宜的に決めたものです。現存最古の降誕図は、ミラノのサンタンブロージョ聖堂説教壇［19頁左］の下の、石棺の蓋に刻まれています（4世紀末）。

ルネサンス以降の降誕図は、キリストが光線を発したり、天使たちが歌い踊っていたりして派手ですが、中世の頃はまだ地味です。聖母子のほかはヨセフとロバと牛くらい。ロバはユダヤ人、牛は他の異教徒の象徴で、キリストがあらゆる民の救世主であることの含意です。ヨセフは頬杖をついた姿で描かれますが、「寝ている」説と「悩んでいる」説があります。悩みは、誰の子だろう、どうしようというもので、当時、姦通は死罪でした。

ここの作例にアッピアーノの壁画を選んだのは、ちょっと変った乳母がいるからです。乳母の登場自体はそうめずらしいことではなく、東方のビザンティン美術では、キリストを産湯につける役としてよく描かれます。その後の洗礼を暗示する場面です。この乳母はフライパンで何やら団子状のものを調理していて、そのひとつを剣で突き刺して口に運んでいます。マリアのためにヨセフがお粥を作る図はあるので、おそらく同様なのでしょうけれど、つまみ食い？

降誕図　1200年頃　アッピアーノ城礼拝堂

中世イタリア事件史｜1

ユスティニアヌス帝のラヴェンナ攻略

小澤実

わたしたちが2000年も前のローマ帝国に憧れを抱くとするならば、その理由の一つは、地中海全域に広がる広大な帝国領土を、たったひとりの皇帝が統治していたからではないだろうか。2世紀初め、トラヤヌス帝の時代に地中海を覆い尽したローマは、しかしながら、395年にテオドシウス帝によって東西二つに分割された。西ローマ帝国は476年に傭兵隊長オドアケルによって滅ぼされ、残された帝国の領土は地中海の東半分だけとなってしまった。地中海を「われらが海」となす在りし日のローマ帝国の復興を夢見、それを実現したのがユスティニアヌス（483頃−565）である。

バルカン半島のダルダニア（現コソボ）に生まれたペトルス・サッバティウスは、東ローマ帝国（ビザンティン帝国）の首都コンスタンティノープル（現イスタンブール）で修辞学と法学を修めた。叔父ユスティヌスが東ローマ皇帝になるや宮廷に出仕が許され、527年に皇帝ユスティニアヌスとして叔父の後をついだ。法学教育を受けた知的な皇帝たるユスティニアヌスは、とりわけ統治システムの根幹である法制度の改革に情熱を燃やした。彼に先行するローマ皇帝たちが発布した法を整理して『勅令集』を編むと同時に、法学者の解釈を集成した大部の『学説彙纂』を完成させた。現代にまで大きな影響を及ぼすヨーロッパ大陸法の基礎となる法体系の成立である。

広大なローマ帝国の復興を夢見るユスティニアヌスは、帝国を実際に稼動させる法制度の整備と並行して、ゲルマン人が跋扈する旧西ローマ帝国領の再征服活動にも着手した。まずは北アフリカのヴァンダル人を、つぎにイタリアの東ゴート人を、最後にイベリア半島の西ゴート人を屈服させた。この三つの地域の中でユスティニアヌスがもっとも重視したのはイタリアである。それはもちろん帝国のすべての源である都市ローマがあり、そのローマの生み出した文明の精髄がなお息づいていたからである。テオドリック大王がひらいた東ゴート王国はたしかにローマ文化の継承者にして保護者であったが、彼らがゴート人であるというその一点に承服しがたいものを皇帝は感じ取っていたようである。皇帝の命を受けた将軍ベリサリオスは、540年、東ゴート王国の首都ラヴェンナを占領した。宦官将軍ナルセスは、552年に東ゴートのトティラ王を敗退せしめ、イタリア半島からゴート人の支配を消し去った。

ユスティニアヌスのイタリア征服は、イタリア半島の歴史にとって転換点であった。その後ラヴェンナには東ローマ帝国の出先機関である総督府が設置された。総督府はラヴェンナとアフリカのカルタゴのみに設置された統治機関である。東ローマ帝国にとって両地域がいかに重要であったか容易に想像できる。

ラヴェンナの街なかに建つサン・ヴィターレ聖堂後陣《アプシス》には、ユスティニアヌスの功績を讃えて、彼と妻テオドラの全身像がモザイクで描かれている［126―127頁］。1500年の歳月を経てなお私たちを睥睨する皇帝夫妻の絢爛たる姿は、ユスティニアヌスのイタリア支配がどれほど多くの富を生み出したかを伝えてくれる。ラヴェンナ総督府は751年にランゴバルド人に征服されるが、東ローマ帝国とイタリア半島の依存関係はその後も続いた。そして1204年、十字軍士を乗せたヴェネツィア艦隊は、東ローマ帝国の都コンスタンティノープルを征服するだろう。

ふたつに分離したローマ帝国は、西側ではラテン語を、東側ではギリシア語を基幹言語とすることで、おおきく異なる歩みを進めていた。もはや別個の世界であった東西ローマは、ユスティニアヌスのイタリア再征服という事件により再びひとつとなった。しかしそれはかつてそうであったようなローマ帝国への回帰ではない。東西ふたつのローマがたくみに融合することによって生まれた、新しい世界であった。

540年

ヴェローナ

ロマネスクとジュリエット
サン・ゼノ・マッジョーレ聖堂

Basilica di San Zeno Maggiore, Verona

上・左頁／ヴェローナは蛇行するアディージェ川沿いの町。古代ローマの闘技場など見どころが多く、『ロミオとジュリエット』（中世の物語を脚色）の舞台でもある。聖堂は12世紀前半の建造で、町の西側にある。左頁は古城カステル・ヴェッキオ（美術館も併設）から見た、サン・ゼノ聖堂の遠景。

右／西側正面の外壁には、旧約、新約聖書の各場面が刻まれている。写真は「降誕」。繊細で柔らかな表現が特色で、ヨセフの表情がリアル。12世紀前半
左／聖堂脇にある回廊。聖堂にも使われているが、薄紅色のヴェローナ大理石が美しい。14世紀初

右／堂内。後陣その他の壁画も中世だが、必見はルネサンスの画家マンテーニャの祭壇画(1456-59年)。聖母子と聖ゼノ他の諸聖人が描かれる。
左／祭壇の下に地下聖堂があり、そこの柱頭彫刻がロマネスクでとても愉快。このマッチョはギリシア神話の巨人アトラス。12世紀前半

左右頁／一番のおすすめはブロンズの浮彫。西正面の中央扉を覆う装飾パネルで、旧約、新約聖書ほか48場面が現存する。右上は「ノアの箱舟」。洪水から動物を守ろうと必死なノア。下は「大地と海」。豊穣の表現だが、左の「母」の乳房には魚が……。左頁は「冥府降下」。磔刑後のキリスト（右端）が地獄へ赴き義人を救う。左端が悪魔の親玉（魔王）で、いまにも人を引き裂こうとしている……。ロマネスクの造形感覚を堪能できます。1138年頃

美術

心ほどける扉

毒を飲んだジュリエットが安置されたのは、ヴェローナのサン・ゼノ・マッジョーレ聖堂とされています。その姿に絶望したロミオが自死した場所も同じく、内陣の下にある地下聖堂。仮死状態から眼ざめたジュリエットは天を仰ぎ、ロミオの剣でみずから命を絶ちます。そんな悲劇の舞台は、マッチョ野郎［53頁左］やとぼけた羊男など、かなり愉快な柱頭彫刻の宝庫です。

聖堂は12世紀前半に建てられました。紅白のヴェローナ大理石を縞状に積みあげた建築も美しいですが、ここでは、西正面の大扉を取りあげましょう。ブロンズ製の浮彫パネルで飾られていて、そののびのびした表現には心がほどけます。ロマネスク美術の魅力を凝縮したような、私の大好きな作品です。

たとえば「ノアの箱舟」の場面［54頁上］。大洪水から動物たちを守ろうと、ノアは牛の角を引っぱって箱舟に乗せようとしています。まっすぐな右腕が必死です。現地ではぜひ近づいて、ノアの真剣な表情を見てください。

それから「大地と海」［同下］も背景の透し彫りが見事です。樹木の枝にとまっているのは鳥たち。両乳を赤ん坊に吸わせる右の女性は「母なる大地」で、豊穣を表す古代以来の伝統的表現です。左の女性の乳房をくわえるのは魚。こちらは「母なる海」でしょうけれど、前例を知りません。古代の「海」は男神でした。

中世美術、なかでもロマネスク美術のおもしろさは、古代的伝統から逸脱する一方で、ルネサンス美術以降の三次元的空間表現法もまだ確立しておらず、そのため主題も表現も自由で幅が広いことです。「冥府降下」の場面［55頁］を見ましょう。磔刑に処されたキリストが、復活するまでの間、地獄へ赴いて義人たちを救出するシーンです。当然キリスト（右端）をメインにすべきなのですが、ここでは悪魔の親玉（左端）が主役。にょきにょき塔が生えているような城壁の表現も、現実に似せようなんて考えが微塵もないところが潔い。

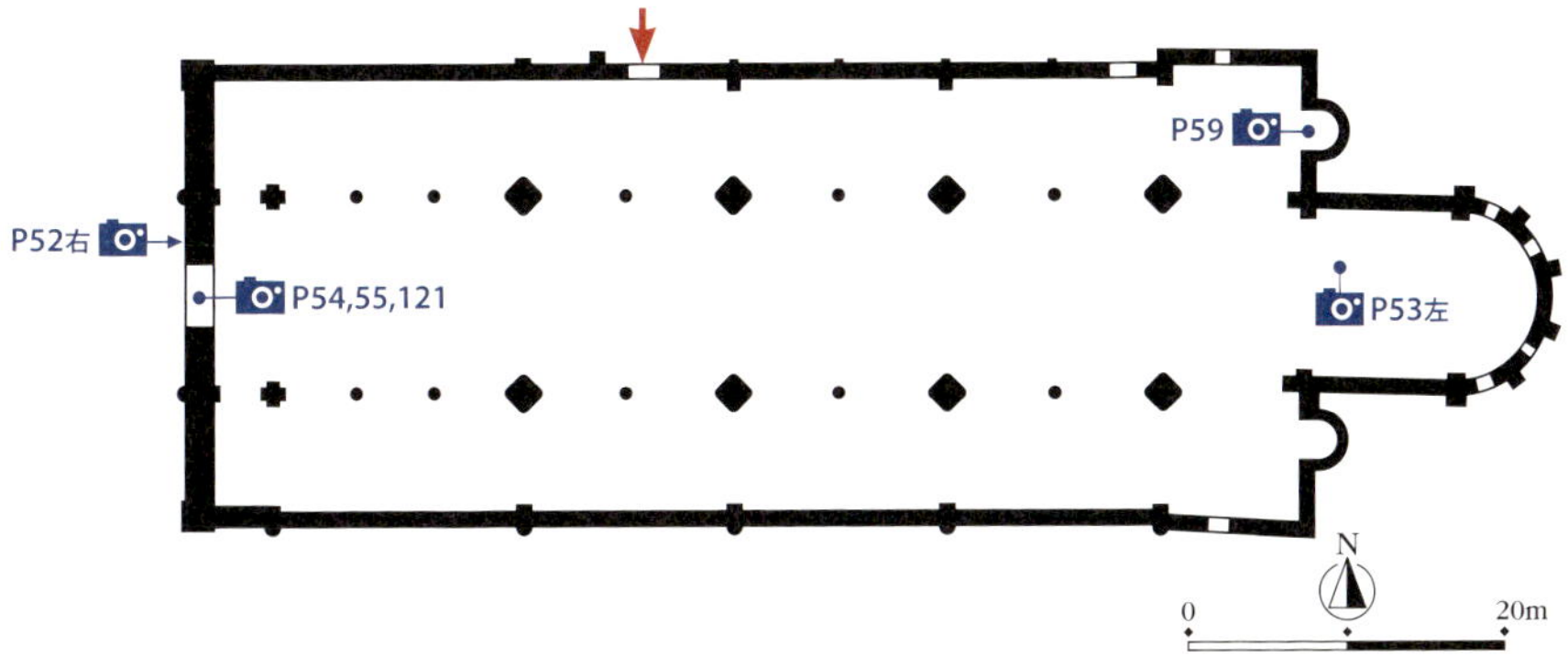

サン・ゼノ・マッジョーレ聖堂

Basilica di San Zeno Maggiore

こうしたブロンズ製パネルは48場面が現存しています。主題は旧約聖書から19、新約から21、聖ゼノ伝が5、その他が3です。一部失われており、並び方も当初通りではありません。年代はほぼ同じながら、ふたつの作風があります。この本に掲載したのは同じ作り手のものです。

中世の美術は、作品の巧拙以上に素材の質が重視されました。序列をいえば、金・銀・銅・石・漆喰・木といったところでしょうか。大事なものは高価な素材で飾りました。祭壇や聖書の装飾に金銀を用いるのはそのためです。ドイツのヒルデスハイム大聖堂には、高さ5メートル近い、巨大な「一枚板」のブロンズ扉（11世紀前半）があります。冶金技術にたけた北方ならではのことでしょう。サン・ゼノのブロンズ彫刻にもドイツの影響が見られますが、一枚板ではなく、木の扉をブロンズ製パネルで覆う方法です。

文　金沢百枝

歴史

ドイツ王の支配

ヴェローナの中心、ローマ時代の円形闘技場からやや離れたところにサン・ゼノ・マッジョーレ聖堂は建つ。4世紀にヴェローナ司教をつとめた聖ゼノは、地中海のかなた、北アフリカ出身の聖人である。当時、北アフリカはキリスト教の先進地であった。かのアウグスティヌスも北アフリカの人である。

サン・ゼノ聖堂はこれまでに三度その姿を変えている。最初の聖堂は、806年、手狭になった従来の聖堂から聖ゼノの遺体を移葬して建てられた。そして現在の姿に先立つ二度目の聖堂は、最初の聖堂がハンガリーからイタリアへ侵入した遊牧騎馬民族マジャール人に破壊されたため、963年、ドイツ王オットー1世による寄進により再建された。ここではこのオットーに注目してみたい。

912年、オットー1世は東フランク王ハインリヒ1世と妻マティルデの長子として生まれた。936年、父ハインリヒがこの世を去ると、オットーは諸侯により ドイツ王に選出された。955年、アウクスブルク近郊のレヒフェルトにおいて、マジャール人を撃退したオットーは、異教徒からキリスト教世界を守った英雄に祭りあげられた。962年、彼は、教皇ヨハネス12世の手により皇帝冠をうけ、いったん途絶えていた西ローマ帝国を復興させた。のちに神聖ローマ帝国と呼称され、1806年まで連綿と続くドイツ人のローマ帝国の歴史が幕を開けた。

中世においてドイツとイタリアの関係は切っても切れない。森林のドイツと陽光のイタリア、一見相反する二つの世界をつなげたのがオットー1世である。アルプス山脈以北を本拠地とするオットー1世にとって、ヴェローナを押さえることは最重要課題のひとつであった。アルプスを越えてきた軍隊を休息させることのできる最初の都市がヴェローナだからである。952年、イタリア王ベレンガーリオ2世に勝利したオットーは、イタリア支配の橋頭堡としてヴェローナ辺境伯領を創設した。そして初代辺境伯として、オットーに忠実であったバイエルン

聖ゼノ像。色黒の顔はアフリカ出身ゆえか。その表情から「笑う聖ゼノ」と呼ばれる。漁師の守護聖人で、司教杖にぶらさがっているのは魚。その由来は、ゼノがアディージェ川で釣をしているとき、川に流された農民を救った奇蹟から。木に彩色　13世紀

公ハインリヒを任命すると同時に、ヴェローナ司教としてベルギーのリエージュ出身である修道士ラテリウスを据えた。オットーは、辺境伯と司教という聖俗二つの側面から、重要拠点であるヴェローナを支配しようとしたのである。

マジャール人がヴェローナに侵入したことにより、サン・ゼノ・マッジョーレ聖堂は灰燼に帰した。冒頭で述べたように、963年、皇帝となってまもないオットーがこの教会を再建したのは、サン・ゼノ聖堂がヴェローナのシンボルだったからである。オットーは、都市のシンボルに投資することで、ヴェローナの支配者が誰であるのかを周知させた。オットー1世以降、ドイツとイタリア間の交流は格段に活発となった。ドイツ南部のバイエルンで聖ゼノ信仰が広まったのも、オットーによるイタリア支配の結果であった。

文　小澤実

アッピアーノ

アルプスの小聖堂

アッピアーノ城礼拝堂

Cappella del Castello d'Appiano

上・左頁／訪れるにはボルツァーノが拠点になる。近くの村まで車で行けるが、最後は20分ほど坂を歩く。聖堂は砦のような古城の中にあり、正式名称はサンタ・マリア・マッダレーナ礼拝堂。1131年建造。アルプスとドロミテ山塊の眺望が素晴しい。冬季(11月から3月半ば)は拝観休止。

上・右頁／堂内には見事なロマネスク壁画が残る。上は洗礼者ヨハネ。神の小羊(キリスト)を指差す姿で、着衣(らくだの毛皮)のパステルカラーがきれい。右頁は大天使ガブリエルとマリア。「受胎告知」の場面で、マリアが手にする糸巻は後に息子の死装束を織ることの暗示。装飾文様も多彩だ。1200年頃

左／堂内は広くないが、それでも全体に中世壁画が残っているのは珍しい。半円ドームの聖母子像を中心に、主にキリスト伝を描く。
右／聖母子像の足もと左右には「賢い乙女」と「愚かな乙女」。こちらは愚か者。花婿(キリストを暗示)の到着を待つべき夜に灯油を切らした故の「愚か」だが、表情も髪も衣装も魅力的。1200年頃

右／アッピアーノの北西にあるナトゥルノ、サン・プロコロ聖堂も訪ねた。
建造は650年頃、北イタリアではかなり古いほう（鐘塔は12世紀末）。
左／堂内に描かれた天使。胴体がねじれたような不思議な姿。8-9世紀

上・右頁／こちらもサン・プロコロ聖堂の壁画。類似の作例がなく、意味もよくわからないが、とても愉快で心が弾む。右頁は3-4世紀のヴェローナ司教聖プロクルス（プロコロ）が迫害を逃れて城壁を越えるところ、あるいは同様にダマスカスの壁を越える聖パウロ、とも。衣文の線とおでこが素敵。上の愛嬌ある牛たちは、家畜の多産を願う絵馬みたいなものか。8-9世紀

美術

壁画に願いを

ヴェローナから北へ、アディージェ川を遡ると、道はアルプスの山塊にぶつかります。アルト・アディージェ（アディージェ川の上流）と呼ばれるこの地域（ドイツ語では南チロル）は、世界遺産ドロミテの一部でもあり、絶景が続きます。しかも嬉しいことに、中世壁画の残る小聖堂があちこちにあります。そうした壁画の多くは、20世紀初め、漆喰壁の下から発見されました。ルネサンス以降、中世の壁画は時代遅れと見なされ、塗りつぶされてしまったのです。アッピアーノ城礼拝堂も同様でしたが、オーストリアの美術史家が発見、1926年に全体像が明らかになりました。

城と聖堂の建造は1131年ですが、壁画は1200年頃の作です。中世の城には聖堂がつきものでした。城主の騎士は戦勝を祈願し、姫たちも祈禱を済ませないと朝食の席に着けませんでした。壁画の場面選択も、城館附属の聖堂らしいと思います。聖母が主役なのは、騎士道の貴婦人《マドンナ》崇拝によるものでしょう。後陣中央に聖母子像を描き、ほかは幼児キリスト伝です。内陣とその右手の壁面は工房の親方が手がけたのか、洗練された筆使いです。「受胎告知」の場面［62頁］を見ましょう。チヴァーテの壁画とくらべると色数は少ないものの、装飾文様が多彩なのがここの魅力です。陰影を灰緑色でつけること、衣文のハイライトを渦巻状にすること、マリアが糸巻を持つことなどは東方ビザンティン美術の影響ですが、明確な描線、とくに太い眉や白眼がちな表情はドイツ風です。

新約聖書の「愚かな乙女」［64頁右］の眼差しも妖しい。花婿（最後の審判のキリストを含意）を待つ夜に灯油を切らした不注意を戒める話ですが、三つ編みにした長い髪や、振袖式のドレス「ブリオー」、白貂の毛皮のマントなど、当時流行していたファッションに眼がゆきます。他の場面でも飲食のシーン［47頁］が目立つなど、世俗の情景が多いのは、私的な聖堂ならではのことと思います。

せっかくなのでもう1カ所、ナトゥル

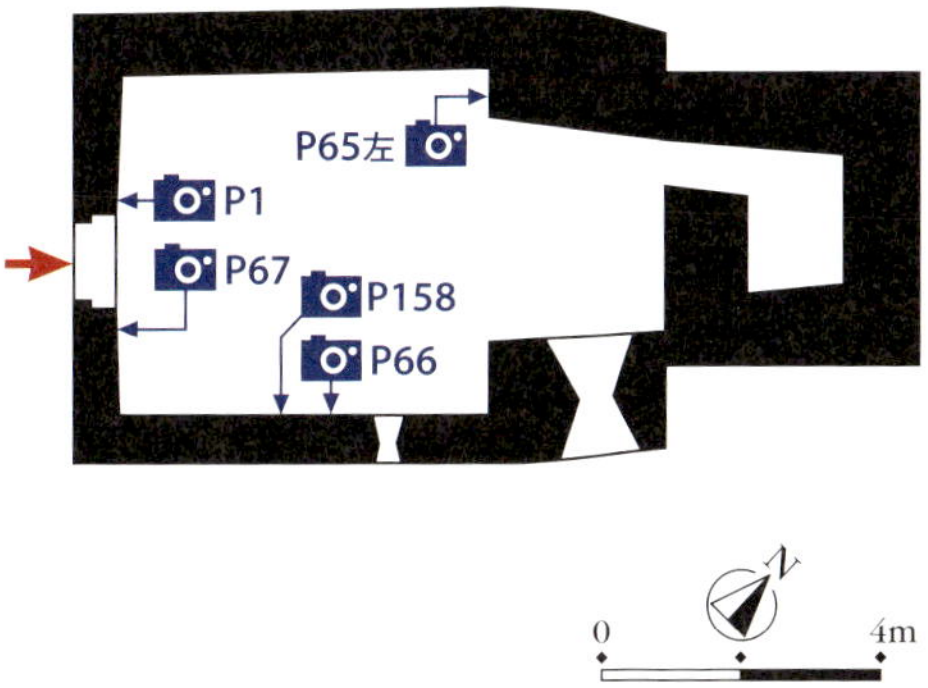

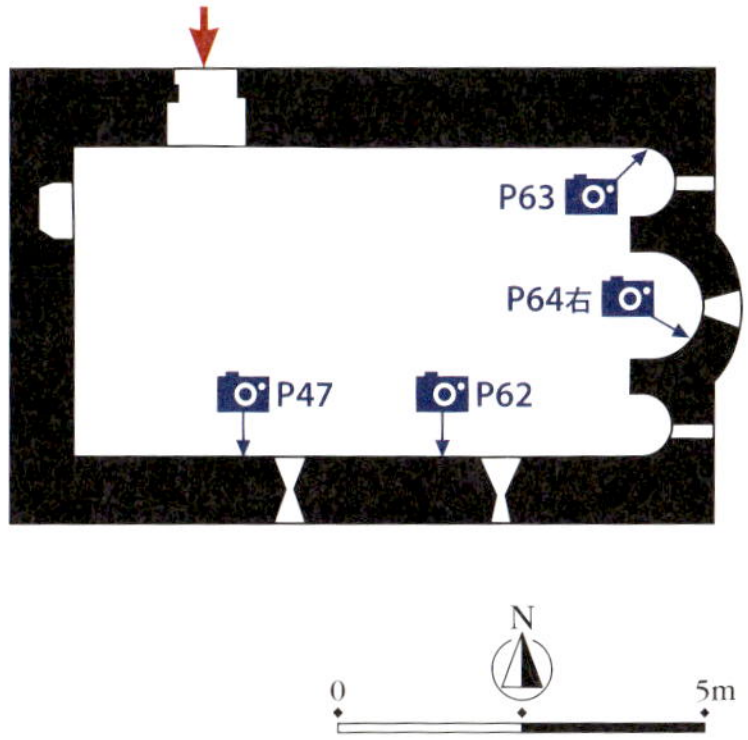

サン・プロコロ聖堂
Chiesa di San Procolo

アッピアーノ城礼拝堂
Cappella del Castello d'Appiano

ノのサン・プロコロ聖堂［65頁］も訪ねました。建造は650年頃（鐘塔は12世紀末）、北イタリアではかなり古いほうです。ここの壁画がまた奇想天外で素晴しい。8-9世紀の作ですが、類似の作例がないので謎だらけです。通称「ブランコ乗り」［66頁］も、ダマスカスの城壁を乗り越える聖パウロ？ ヴェローナの壁を越える聖プロクルス？ いやこれは船で、そうなるとやはりパウロ？ と正体不明。祭壇脇の天使［65頁左］もねじれちゃってますが、その上部の組紐文様はケルト写本を想起させます。

入口側の壁には12頭の牛［67頁］と1匹の犬［1頁］が描かれています。これもキリスト教的には意味不明ですが、おそらく、家畜の無事と多産を願ったものでしょう。聖プロクルス（プロコロ）は320年頃に死んだヴェローナ司教ですが、羊飼をしながら弾圧を逃れたりもしました。家畜の守護聖人です。

文　金沢百枝

歴史

ゲーテも越えた峠道

アッピアーノやナトゥルノが位置するトレンティーノ・アルト・アディージェ州は、別名南チロル州という。アルプス観光で著名な土地である。中世後期よりハプスブルク家の支配下にあり、第一次世界大戦後の1918年にオーストリア＝ハンガリー帝国が解体された後、イタリアに組み込まれることになった。したがってこの地域は、行政区分上はイタリア共和国でありながら、歴史的にも言語的にもドイツ語圏に属してきたことになる。このイタリアとドイツの端境は、中世をつうじて、イタリアの歴史にとっても、またドイツの歴史にとっても重要な役割を果たしてきた。というのも幹線道路が、アルプス以北とイタリアを結ぶブレンナー峠へと続いているからである。

最高峰が5000メートルに達さんとするアルプス山脈は、地中海世界と北ヨーロッパ世界をわかつ自然の障壁であった。人の往来は先史時代からあったが、大々的に南北ルートを開通させたのはローマ人であった。紀元前15年、ティベリウス帝の弟ネロ・クラウディウス・ドルススは、アルプスの先にあるラエティアを征服し、支配下に置いた。このとき用意された舗装路が、アルプス以北からレッシェン峠を越え、ロンバルディア平原へと到る幹線路クラウディア・アウグスタ街道である。この土木事業によって、すべての道はローマに通ずという言い回しの通り、アルプス以北もローマとつながった。ドイツ南部のアウクスブルクからイタリアのボルツァーノ、そしてヴェローナへ。その後、人の移動が増えるにつれて、いくつもの峠が開かれた。ブレンナー峠もそのひとつである。

ブレンナー峠の重要性は、中世に入って高まった。ヴェローナに辺境伯領をもうけたオットー1世以来、歴代ドイツ王がアルプス越えに利用したルートは、このブレンナー峠であった。軍隊を引き連れイタリアを目指す王たちにとって、ローマ人の土木技術の粋を集めたルートもまた、中世人に対するローマの遺産であった。王侯貴族のような支配者だけでは

アッピアーノ城から、ボルツァーノの町を見下ろす。

ない。修道士も商人も学生も巡礼者も、ブレンナー峠を越えてイタリアへやってきた。イタリアはドイツに比べ学問も進んでおり、物質的にも豊かであった。アッピアーノの城主はそんな旅人に通行税を課したであろうし、ナトゥルノのサン・プロコロ聖堂は宿を提供していたであろう。人々の往来の激しい幹線道路は富を生み、そうした富は精神生活を潤す。

　ブレンナー峠は、中世が幕を閉じた後も、その役割を終えたわけではない。1786年9月8日、フランクフルト生まれのドイツ人がブレンナー峠を越えた。ヨハン・ヴォルフガング・フォン・ゲーテ、当時すでに令名高かったドイツの国民的作家である。宮仕えに飽き飽きしていた37歳のゲーテは、一路ローマへと向かう。その記録が『イタリア紀行』となり、後世、多くの人をイタリアへと導くことになる。

文　小澤実

チヴィダーレ・デル・フリウリ

古代と中世のかたち

サンタ・マリア・イン・ヴァッレ修道院聖堂祈禱堂

Oratorio di Santa Maria in Valle, Cividale del Friuli

上・左頁／ナティゾーネ川沿いの小さな町。左手の鐘塔はサン・ジョヴァンニ聖堂のもので、祈禱堂(7世紀半ば建造)はその裏にある。堂内は8世紀半ばの繊細な漆喰彫刻で飾られており、入口の上には左右3人ずつ、ほぼ等身大の聖女たち[左頁]。右端の聖女は修道女の姿で祈りの仕草(オランス)を、左の二人は宝冠などを手に宮廷風装束をまとう。8世紀末までチヴィダーレにはランゴバルド王の離宮があり、祈禱堂も当初は宮殿に附属していた。

聖女たちの下、入口の扉口を飾るのは葡萄文様のアーチ。豊穣を表す古代風の意匠で、やはり漆喰製のランゴバルド美術。キリストと天使の壁画は傷んでいるが、灰緑色の陰影表現は東方ビザンティン風だ。8世紀半ば

RMARENTVR ΓΙΛΑΝΑΜΕ INTERRELIO

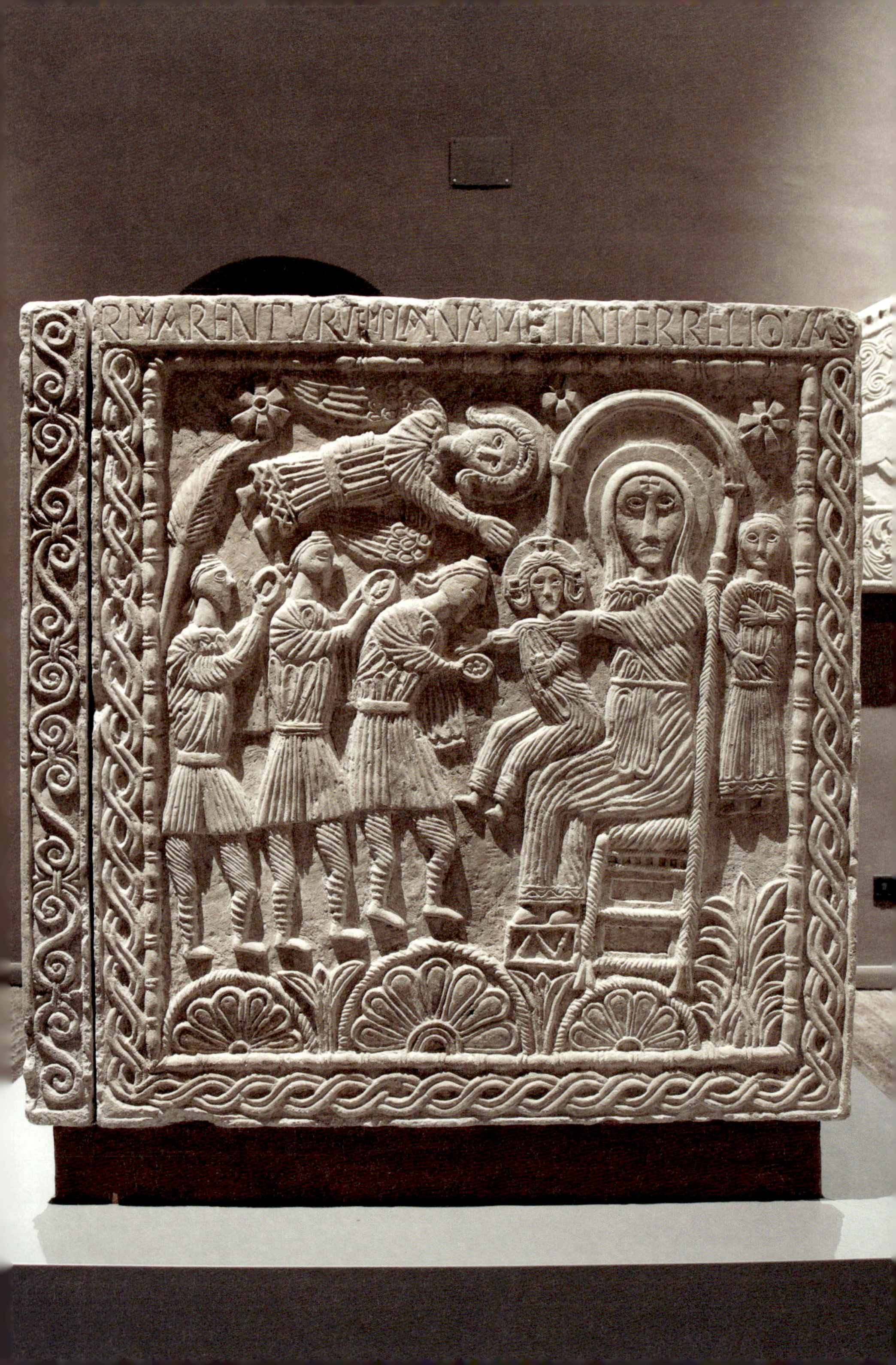

上・右頁／祈禱堂のそばに大聖堂(ドゥオモ)があるが、その附属博物館もぜひ。祈禱堂の彫刻とは異風のランゴバルド美術が見られる。例えばこの石灰岩製の祭壇(サン・ジョヴァンニ聖堂旧在)。側面四方に浅浮彫を施す。上は「栄光のキリスト」、右頁は聖母子に捧げ物をする東方三博士(マギの礼拝)。洗練なんて眼中にない人物造形は爽快だし、余白に浮ぶ星々もキュート。8世紀前半

Oratorio di Santa Maria in Valle, Cividale del Friuli

美術

「蛮族」ランゴバルドの芸術

中世の頃に悪魔が造ったという伝説を持つ「悪魔橋」を渡ると、川岸に建つサンタ・マリア・イン・ヴァッレ修道院が見えます［72頁］。この章で取りあげる祈禱堂（通称ランゴバルドの小寺院《テンピエット》）もその修道院内にあります。7世紀半ばの建造ですが、当時この辺りはランゴバルド王の離宮でした（8世紀末まで）。

祈禱堂は小規模ですが、8世紀半ばの見事な漆喰彫刻［73–75頁］があります。とくにその女性像は、中世では異例の立体的・写実的な表現です。絵画、彫刻を問わず、中世美術が平面的なのは、聖書で偶像崇拝を禁じているためです。キリスト教美術の始まりは古代末期の4世紀ですが、むろんその頃は古代的な立体表現の技術は残っていました。にもかかわらず、偶像化を避けるために、人物その他をあえて平面的に描いたのです。キリスト教美術で立体的・写実的表現が現れるのは12世紀半ば以降。したがってここの彫刻は孤立した作例なのですが、理由はおそらく、注文主が古代ローマ風を好んだためだと思います。堂内の梁を支える柱にも、古代のコリント式柱頭を再利用しています。

中世において、漆喰という素材は大理石の代用品でした。例えば煉瓦造の聖堂の場合、予算が潤沢なら壁に大理石を貼って煉瓦を隠しますが、資金がなければ漆喰を塗ります。彫刻もそうですが、石よりも細工がしやすいので重宝された面もあります。8–9世紀にはイスラーム世界において精巧で壮麗な漆喰装飾が花開きます。チヴィダーレの彫刻にもその影響を見る説がありますが、私は同意できません。イタリアにも古代ローマ以来の伝統があり、職人もいたはずです。

この町にはもうひとつ、ぜひ見てほしいものがあります。サンタ・マリア聖堂

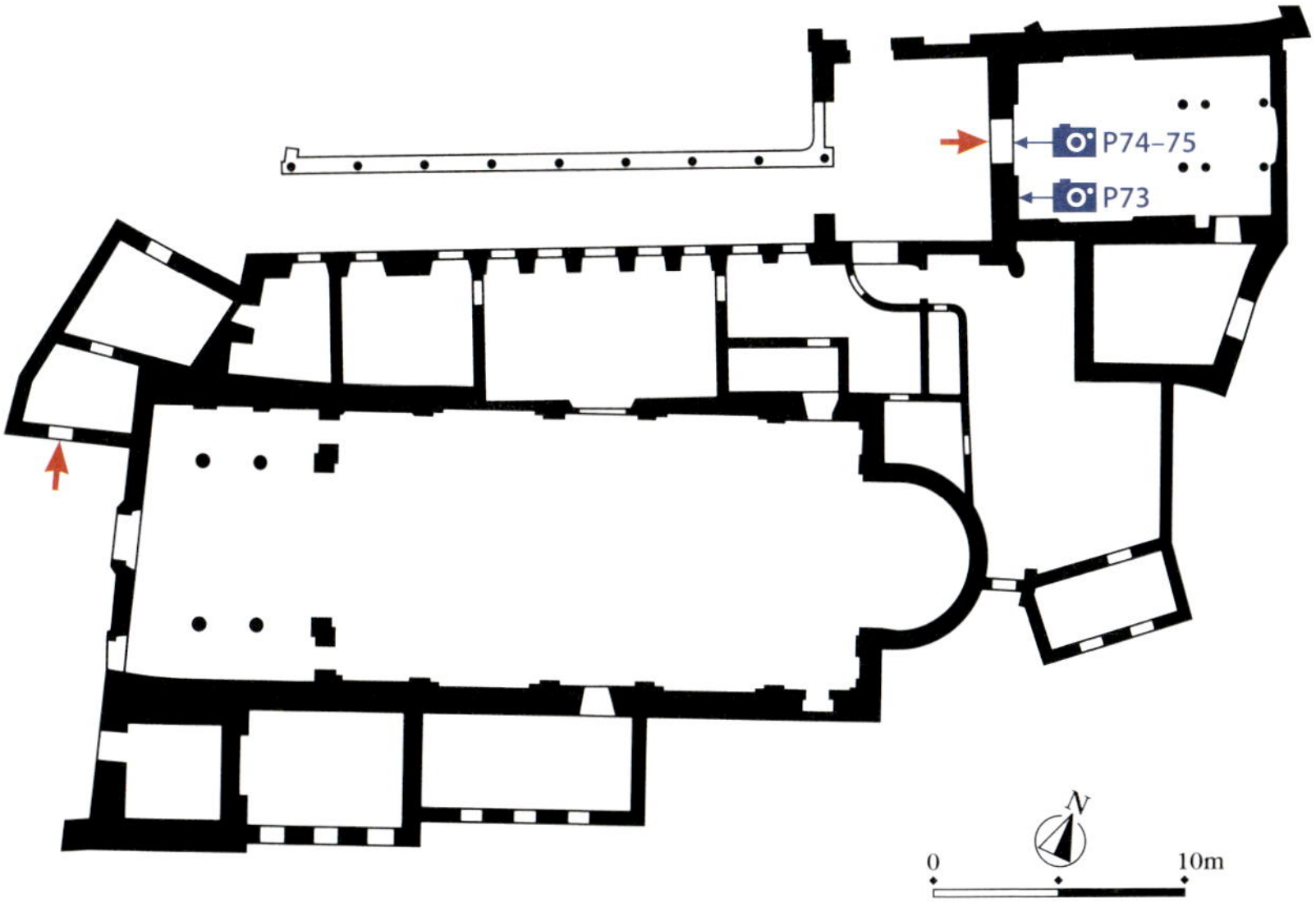

サンタ・マリア・イン・ヴァッレ修道院聖堂祈禱堂

Oratorio di Santa Maria in Valle

そばの博物館にある「ラチスの祭壇」［76－77頁］です。8世紀前半、ランゴバルド王ラチスが父ペンモを記念して、祈禱堂が附属する聖堂に奉納したもので、石灰岩製、祭壇の側面四方に浅浮彫で「栄光のキリスト」「マギの礼拝」「御訪問」などが刻まれています。

祈禱堂の彫刻とほぼ同時期の作なのに、何という違いでしょう。その激しい差は、王の交代によるものだと思います。祭壇の浮彫は四角い枠にあわせて、余白を埋めるように、何もかも変形させています。見ようによっては不自由ですが、私は逆におおらかな気持になります。祈禱堂よりもこちらのほうがランゴバルド本来のスタイルです。古代美術とは異なる、このおおらかな造形感覚こそ、「蛮族」が北方から持ちこみ、のちにロマネスク美術の素となったものでした。

文　金沢百枝

歴史
ある歴史家の生涯

初期中世のイタリア史におおきな刻印を残したランゴバルド人。彼らの歴史を知りたければ、まず、『ランゴバルド人の歴史』をひもとくべきである。半神話的な起源にさかのぼってランゴバルド人の民族史を描き出すこの歴史書は、初期中世ヨーロッパを代表する第一級の史書である。民族興亡の内実に迫るこの歴史書の執筆者が、ランゴバルド人貴族の出身であったパウルス・ディアコヌス（助祭パウルス）である。

７２０年ごろ、ランゴバルド王国の東端に位置するフリウリ辺境伯領の中心地チヴィダーレでパウルスは生まれた。彼の父はフリウリ辺境伯ペンモに仕える貴族の一人であり、パウルスはその宮廷で幼少時より高度な教育を受けた。教養人としておそらくは静謐な生活を望んでいたであろうパウルスの生涯は、しかしながら、彼の意思に反して移動につぐ移動の生活であった。ペンモの息子ラチスがランゴバルド王となるや、パウルスもパヴィアの宮廷に移動した。イタリア北部を横断である。そののちデジデーリオがランゴバルド王となるや、パウルスはその才を見込まれて王女アデルペンガの私設教師となった。彼女がイタリア南部のベネヴェント公アリキスのもとに嫁ぐと、パウルスも彼の宮廷に身を置いた。イタリア半島を縦断である。

７７４年、フランク王国のカール（の ちの大帝）がパヴィアを陥落させ、ランゴバルド王国を滅亡させると、パウルスは以前から縁のあったイタリア中部のモンテ・カッシーノ修道院に引っ込んだ。西方修道制の父、聖ベネディクトゆかりの地である。しかしその後、文人としての才能を見込まれたパウルスは、時の支配者カールより、ドイツとフランスの境にあるアーヘンの宮廷に出仕を要請され、数年をこの北の都で過ごすことになった。イタリアからアルプスを越え、北海の近くまでの移動である。その後ようやくモンテ・カッシーノに終の棲家を得た。

祈禱堂の堂内。ところどころ壁画が残る。左右に木製の聖職者席(15世紀)が並ぶ。

パウルスは根っからの歴史家であった。ベネヴェント時代にはアデルペンガのために、韻文で『ローマの歴史』をしたためた。アーヘン時代にはフランク王国のメス司教に請われて『メス司教の歴史』を編纂した。そしてモンテ・カッシーノに引きこもると、修道院図書館の蔵書と自分の経験をもとに『ランゴバルド人の歴史』をまとめた。民族の来歴と支配者たちの群像を描き出すこの『ランゴバルド人の歴史』は、カール大帝とその息子ルートヴィヒ敬虔帝の宮廷で花開いた古代ローマ文化の復興運動であるカロリング・ルネサンスの礎となった。

　古代ローマの詩人ホラティウスは「征服されたギリシア人は、猛きローマ人を征服した」と語った。ギリシア文化がローマ世界を圧倒したことをさす。その言葉に倣って「征服されたランゴバルド人は、猛きフランク人を征服した」、というのは言いすぎだろうか。

文　小澤実

美術のなかの物語｜2

ペテロの耳切り

金沢百枝

12使徒のひとりであるペテロは、中世で最も崇敬された聖人です。初代の教皇であり、中世に限らず、キリスト教史上で最も重要な聖人かも知れません。教皇（papa）は「父」という意味です。その呼称を、ローマ司教のみに限定したのは6世紀以降のこと。教皇による破門宣告は、天国の喪失を意味しました。

ペテロの殉教は紀元67年か68年、暴君ネロ帝の頃、ローマで逆さ磔にされました。その墓の上に建つのが、ヴァチカンのサン・ピエトロ大聖堂です（17世紀初めの建造）。そもそもは200年頃、墓の上に小さな記念堂が建てられました。その後324年に新築、9世紀に改築された聖堂が、いまの建物の前身にあたります。

作例にはモデナ大聖堂の浮彫を選びました。「耳切り」の場面は、直情径行のペテロの人柄をよく表していると思います。

イエスと12使徒はエルサレムにいます。「最後の晩餐」のあと、イエスはペテロ、ヤコブ、ヨハネをつれてオリーヴ山へ赴き、ともに祈ろうとするのですが、弟子たちは眠りこみ、師を悲しませます。イエスがエルサレムへ来てから4日、彼の説教は人気を博していました。それを危険視したユダヤ教徒側は、この夜、イエスを逮捕します。その手引きをしたのがユダです。左頁は「ユダの接吻」の場面でもあります。接吻は、どの人物がイエスかを兵士に伝える行為でした。ペテロは左端にいます。師を思う気持が誰よりも強かった彼は、夢中で兵士に斬りつけました。耳が切れたのはたまたまのことでしょうけれど、この浮彫では、的確に切除しています。

モデナの浮彫は祭壇障壁（内陣の仕切壁）のもので、12世紀後半の作です。「最後の晩餐」［141頁］や「磔刑」など、キリストの受難伝が横一列に刻まれています。彩色は後代ですが、もともと色つきだったはずです。実は中世の石彫の多くが、当初はかなり派手な色で塗られていました。

左頁／ユダの接吻とペテロの耳切り
12世紀後半　石に彩色　モデナ大聖堂

PETRVS ID.... A·REMA·GO· XPC IUDA TRADITVR IUDEIS

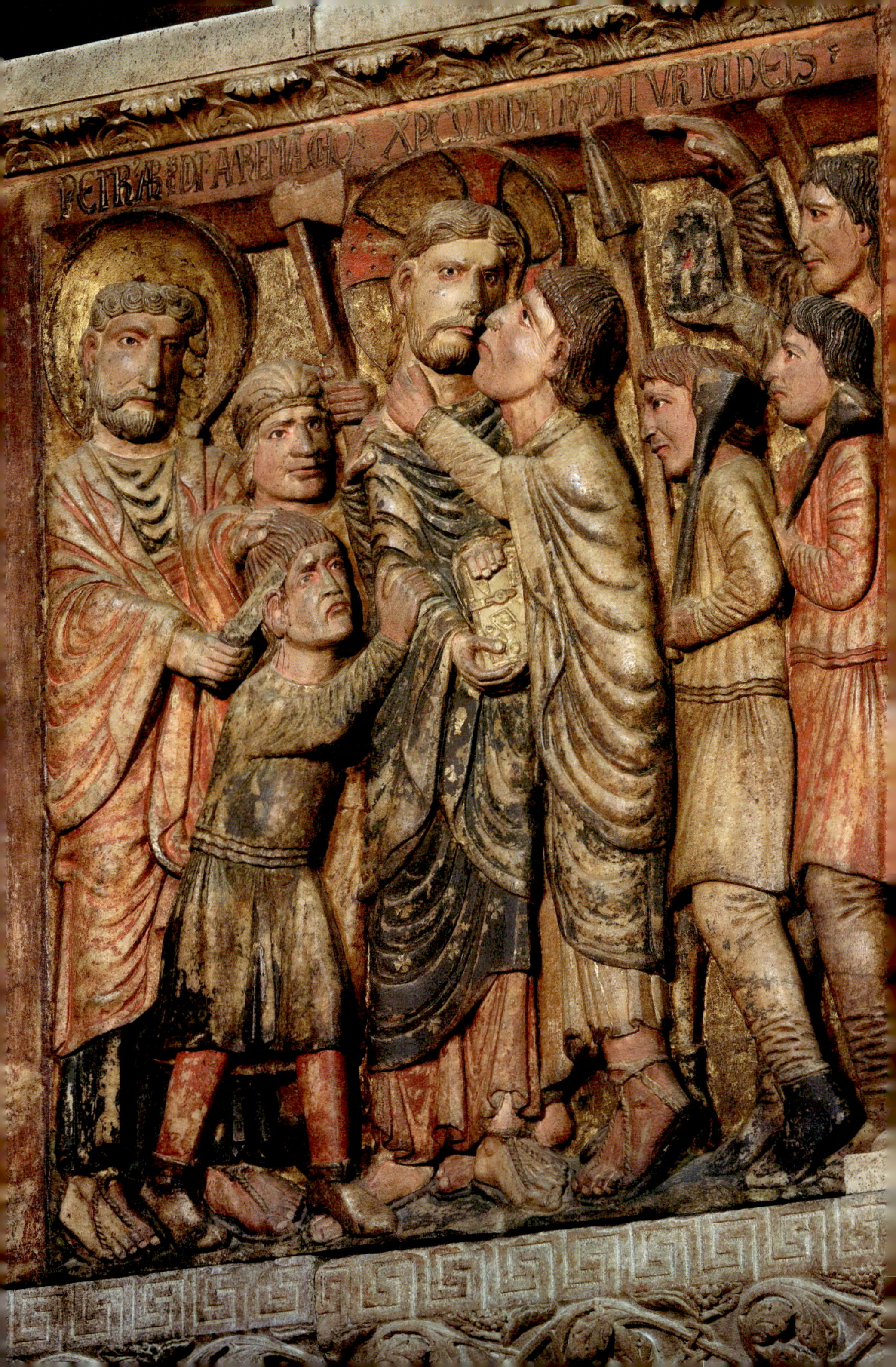

中世イタリア事件史｜2

レニャーノの戦い

小澤実

決戦とは、その後の歴史の流れを決定する戦いである。フランス王フィリップ2世がドイツ・イングランド・フランドル連合軍を敗退せしめた1214年7月27日のブーヴィーヌの戦いがそうであったように、1176年5月29日にミラノの北西レニャーノで繰広げられた野戦もまた、決戦であった。

　聖職叙任権をめぐって1077年に皇帝が教皇に許しを請うたカノッサ事件以来、ローマ教皇と神聖ローマ皇帝（ドイツ王）との間では互いに対する不信がくすぶり続けていた。聖職叙任権に関しては、1122年のウォルムス協約で、ドイツ王の聖職叙任はドイツ国内に限るという妥協がはかられたものの、今度は、ドイツ王によるイタリア都市に対する支配権の主張が前面に押し出された。962年に神聖ローマ皇帝となったオットー1世以来、ドイツ王は法制上イタリア王国の長でもあった。ドイツ王にしてみれば、イタリア都市を皇帝が支配するのは当たり前のことであった。フリードリヒ1世バルバロッサはイタリア都市に対する支配権を確認すべく、1154年以来、六度にわたりイタリア遠征を敢行した。

　このような動きに対して教皇と各都市は激しい反発を見せた。1159年に教皇に選出されたアレクサンデル3世は、南イタリアを支配していたノルマン・シチリア王国と協調し、バルバロッサのイタリア支配に公然と抵抗した。教皇は、この侵攻により家を失った人々を集め、ロンバルディア平原に自らの名を冠したアレッサンドリア――ウンベルト・エーコの故郷――という都市まで建設した。

　他方で北部イタリア都市は、1167年、ロンバルディア都市同盟を結んだ。反皇帝都市の急先鋒ミラノを中心に、クレモナ、ベルガモ、パルマ、ヴェローナ、パドヴァ、ヴェネツィアといった主要都市が、反バルバロッサ、つまり反ドイツという旗のもと、ひとつにまとまったのである。都市単体で皇帝に対抗することは難しいが、同盟というかたちで

1176年

力を合わせれば対抗できると踏んでのことである。自治都市《コムーネ》として領主や司教の支配を排除し、自立心が高まっていたからこそ可能となった動きであった。

　皇帝フリードリヒ1世バルバロッサ、教皇アレクサンデル3世、そして中北部イタリア都市の連合体ロンバルディア都市同盟。役者はそろった。1176年5月29日、レニャーノの野で、皇帝軍と教皇・ロンバルディア都市同盟連合軍が対峙した。バルバロッサ側はアルプスを越えてきた2000の騎馬隊と歩兵、それに対して連合側は、歩兵にくわえて、ミラノの軍旗たなびくカロッツィオ（牛によって牽引される四輪戦車）であった。バルバロッサの生死すらわからない壮絶な戦いであった。勝者は連合軍である。

　翌年7月24日、ヴェネツィアで和平が結ばれた。皇帝はアレクサンデル3世を正式の教皇として認め、教皇、シチリア王、ロンバルディア都市との間に休戦協定を結んだ。バルバロッサによるイタリア支配の決定的な後退である。しかし決戦は、新たな不和の種を播いた。和平のための予備交渉は、ロンバルディア都市同盟を抜きに皇帝と教皇との間でなされていたため、都市側が教皇に不信感を抱いたのである。これ以降、皇帝、教皇、都市同盟は、それぞれ利害の対立する別集団として、新しい歩みをはじめる。

　レニャーノの記憶は甦る。イタリアの誇る19世紀の作曲家ジュゼッペ・ヴェルディは、まさにこのレニャーノの戦いを歌劇に仕立てた。初演は1849年1月27日、ローマのアルジェンティーナ歌劇場である。サルデーニャ王カルロ・アルベルトがハプスブルク家オーストリアに対し、第一次イタリア独立戦争を仕掛けた直後である。ドイツ——ハプスブルク家はオーストリアだが——にイタリアが勝利するというレニャーノの戦いは、独立・統一運動《リソルジメント》のさなかにあったイタリア人の心を奮い立たせることになった。

ヴェネツィア

寄せ集めの聖地
サン・マルコ大聖堂

Basilica di San Marco, Venezia

上・左頁／大聖堂の南側、海側の小広場[左頁]から眺めると、一部に茶色の煉瓦が見える。1094年の建造当初は、全て煉瓦のシンプルな外観だった。左頁は大聖堂のバルコニーから。左のゴシック建築はヴェネツィア総督の宮殿パラッツォ・ドゥカーレ(14世紀)。海岸に立つ柱(1293年)の獅子(7-8世紀)は聖マルコの象徴だが、第4回十字軍(1202-04年)がコンスタンティノープルから略奪、ヴェネツィアで翼と書物を加えた。

右／サン・マルコ広場の鐘楼から見下ろした大聖堂。平面プランが東方ビザンティン風の集中式（十字形）なのがわかる。玉葱形の屋根はイスラーム風だが……。
左／堂内は金色のモザイクでまばゆく飾られる。主に12-13世紀の作。床モザイク（12世紀以降）も美しい。

玄関間（ナルテックス）には「創世記」「出エジプト記」などの諸場面がモザイクで描かれる。写真は「ノアの箱舟」。洪水で溺れ死ぬ人や獣たち。すだれのような雨や、海ヘビのような波の表現がユニーク。13世紀

美術

うわべのビザンティン様式

ヴェネツィアのサン・マルコほど奇妙な聖堂を他に知りません。いまの建物は1094年、ロマネスク時代の建造で、平面プランはビザンティン風の集中式（十字形）。外観のところどころに見えていますが、実は煉瓦造です。当初は煉瓦もむきだしで、とてもシンプルな聖堂でしたが、その後さまざまに手が加えられました。玉葱形の屋根や先の尖ったアーチはイスラーム風、西側の尖塔や彫像はゴシック風、細部を見ると、悪名高い第4回十字軍（1202－04）が東ローマ帝国（ビザンティン帝国）の首都コンスタンティノープルから略奪してきた古代の彫刻［93頁］やビザンティンの柱頭彫刻が取りつけてあり、つぎはぎだらけといった印象です。

おそらく中世の初めから、ヴェネツィアは商人の町でした。そのトップが総督《ドージェ》で、彼の邸宅が14世紀ゴシック様式の壮麗なパラッツォ・ドゥカーレ（総督宮殿）です［87頁］。隣接するサン・マルコ大聖堂は、1807年に司教座聖堂となるまで、宮殿附属の豪華な礼拝堂でした。

堂内はビザンティン風の豪奢なモザイクで飾られています［88頁左］。ギリシアのモザイク職人を雇ったそうです。こうした装飾や平面プランを見れば、ヴェネツィアのビザンティン志向は明らかですが、サン・マルコの場合は単なる趣味や正教への信仰心によるものではありませんでした。当時、東ローマ帝国は地中海において圧倒的な大国でした。ヴェネツィアのビザンティン志向は、大国と親密な関係を築くことで、東ローマ皇帝から貿易の独占権を得るための商略という側面もありました。

サン・マルコの「ビザンティン風」はうわべだけです。典礼の言葉は正教で使うギリシア語ではなく、ラテン語でした。

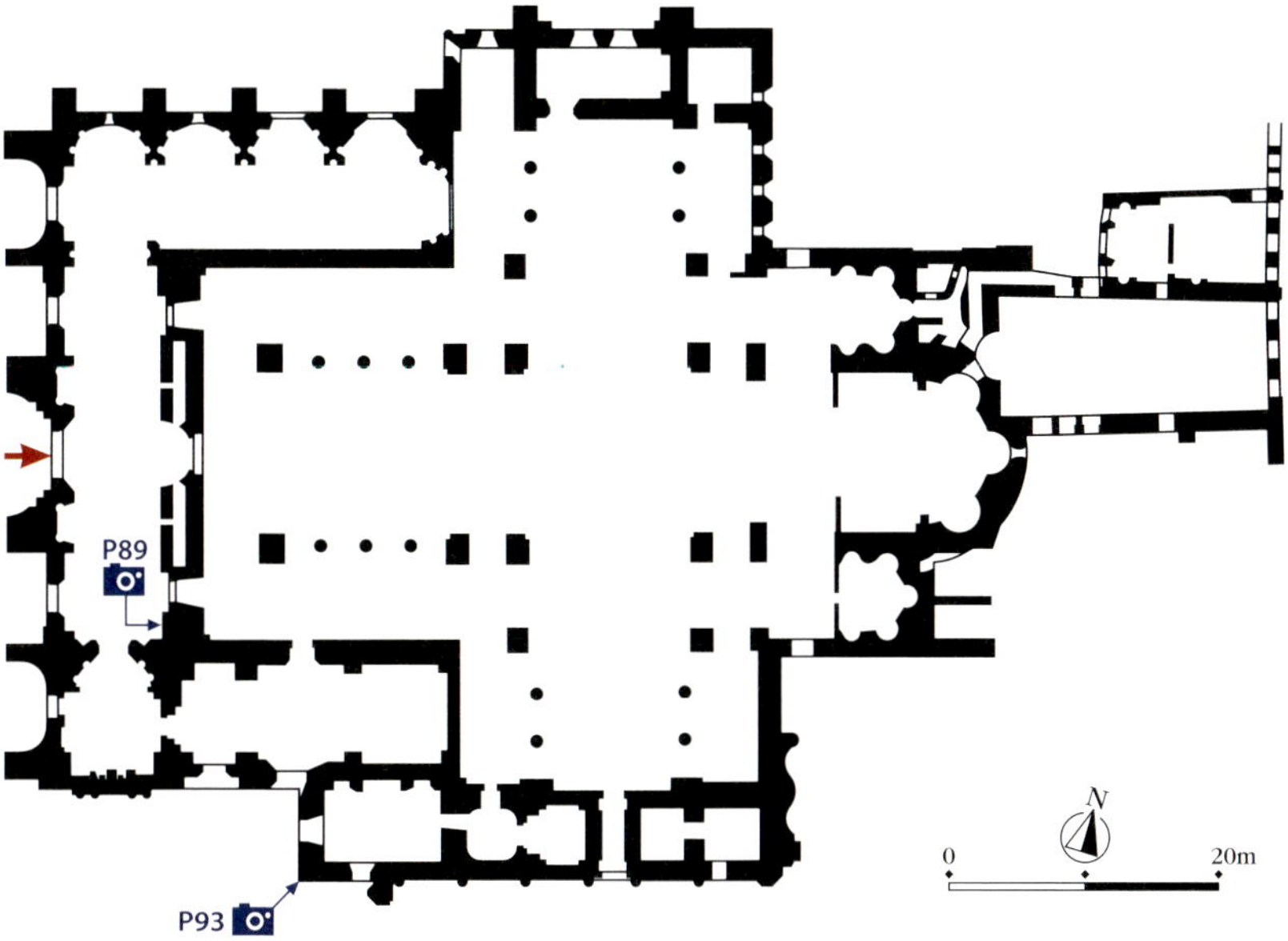

サン・マルコ大聖堂
Basilica di San Marco

モザイクも、様式はビザンティン風ですが、主題は違います。例えば堂内中央の円蓋は「キリスト昇天」図で、12使徒も描かれていますが、そこに聖マルコがいます。図像に厳格なビザンティンの聖堂ではありえないことです。また、13世紀に増築された西側の玄関間《ナルテックス》には、「ノアの箱舟」〔89頁〕その他、5世紀末の写本『コットン創世記』にもとづく場面が描かれていますが、ビザンティンの聖堂では「創世記」場面は見られません。

東方の帝国に面従していたヴェネツィアですが、実は西方の新潮流にも眼を向けていたことが、西正面中央扉口のアーチを見るとわかります。そこに刻まれた月暦図の浮彫は、ロンバルディア地方、とくにモデナやパルマのロマネスク彫刻の流れを汲むものです。

文　金沢百枝

歴史
十字軍と商魂

「アドリア海の女王」と形容される海洋都市ヴェネツィア。その歴史は6世紀にさかのぼる。総督《ドージェ》とよばれる支配者のもと、ヴェネツィアは、イタリア半島とバルカン半島を両脇に望むアドリア海の内奥という地の利を生かし、東西貿易のかなめとして成長をつづけた。巧みな交渉でビザンティン帝国、神聖ローマ帝国、さらにはイスラーム勢力からも免税特権を獲得したヴェネツィアは、同じく海洋国家であるアマルフィ、ピサ、ジェノヴァと地中海の覇を競った。

そのヴェネツィアの顔がサン・マルコ大聖堂である。ヨーロッパにありながら、シャルトルやケルンの大聖堂とは異なり、ビザンティン風である。意外なことに、この豪華絢爛な聖堂は中世をつうじて司教の座す司教座聖堂《ドゥオモ》ではない。サン・マルコ大聖堂は、総督の執務邸パラッツォ・ドゥカーレに附属する私設礼拝堂であった。ヴェネツィアの商人を統括する総督の礼拝堂が、司教座聖堂よりも立派であるというのが、いかにも商人の町らしい。

このサン・マルコ大聖堂は、一気呵成に出来上がったものではない。８２８年に二人のヴェネツィア商人が、イスラーム支配下のエジプトにあるアレクサンドリア教会から、福音史家聖マルコの聖遺物（遺体）を「救い出し」て以来の歴史を持つ。そのサン・マルコ大聖堂の正面バルコニーに、4頭の馬の彫像が立つ（オリジナルは附属博物館蔵）。古代の競技用戦車を引く4頭の馬《クアドリガ》を模したもので、もともとコンスタンティノープルの競技場《ヒッポドローム》を飾っていた。なぜそんなものがヴェネツィアに、といぶかしむ人もあるだろう。筋をたどれば、１２０２－０４年の第4回十字軍にさかのぼる。

十字軍とは、本来イスラーム教徒に占領された聖地エルサレムの奪回を目的とする再征服運動である。１０９６年にはじまった第1回十字軍以来、ヨーロッパ世界ではことあるごとに計画そして実行されてきた。第4回も、教皇インノケンティウス3世の当初の計画通りであれば、

南の外壁にくっつけられた古代彫刻も第4回十字軍の略奪品。ローマ皇帝ディオクレティアヌスによる、東西、正副4皇帝の分割統治（293－305）を記念した像。300年頃

中東に向かい、アイユーブ朝のスルタンと会戦していたことだろう。しかしながらビザンティン帝国内に帝位争いがおこり、その一方が遠征途上の十字軍に援助を求めたことから、風向きは怪しくなる。老獪な総督エンリコ・ダンドロ率いるヴェネツィア艦隊に乗り込み、コンスタンティノープルに上陸したイタリアやフランドル出身の十字軍士たちは、ローマ文明が今なお生き続けている絢爛たる都を徹底的に略奪した。そして指揮官の一人フランドル伯ボードワン9世が、この永遠の都の主におさまった。

　サン・マルコ大聖堂を守るかのごとき4頭の馬の彫像は、第4回十字軍での戦利品である。コンスタンティノープルとの交易によって一人前となったヴェネツィアは、ビザンティン帝国没落後の東地中海世界へと進出し、14世紀には黒海沿岸にまで植民地をもつ一大海洋帝国へと成長した。したたかな商人町である。

文　小澤実

上・左頁／夕暮時のヴェネツィアの路地と、濃霧に包まれた大運河。

夜霧のサン・マルコ広場。広場の完成は13世紀初め。それ以前は運河が流れていた。第4回十字軍の「成功」によって自信を深めたヴェネツィア総督の念頭には、古代ローマの公共広場があったらしい。それ以後多くの祭礼儀式がここで執り行なわれ、いまなお劇場のような空間。

トルチェッロ

聖母の島へ

サンタ・マリア・アッスンタ大聖堂

Basilica di Santa Maria Assunta, Torcello

上・左頁／トルチェッロ島へは、ヴェネツィア本島から水上バス（ヴァポレット）で行く。ブラーノ島まで約40分、そこで乗りかえて約5分。船着場からは1本道で迷うことはない。サンタ・フォスカ聖堂（写真右。11世紀）と並んで建つ聖堂は639年の創建、いまの建物は11世紀初めの改築。左頁は後陣の聖母子（11世紀末）と12使徒のモザイク（18世紀）。聖母のひそやかな佇まいは比類がない。この角度から見ると、右足のポーズが印象的。

NON PIGER AD LAPSVM ET FLENTI PROXIMVS
MP ΘV
VIRTVTIS MARIS ASTRVM·PORTA SALVTIS
PROLE MARIA LEVA
SCS TADEVS
SCS BARTHOLOMEVS
SCS IACOBVS
SCS IOHS
SCS PETRVS
SCS PAVLVS
SCS MATHEVS
SCS ELIODORVS

聖母子像の向かいの壁に描かれた「最後の審判」のモザイクより、天使のラッパを合図に復活する人々。魚たちの口から人々の手足が……。その下は火焔地獄で、天使が罪人を突き落している。右側に魔王。その膝にアンチキリスト。罪人には皇帝や皇后、司教、イスラーム教徒、モンゴル人の姿も。11世紀末-12世紀初

同じく復活の場面。こちらは陸だが、象も……。下段は天国へ向かう人々で、左端の集団には、砂漠で苦行した末にガリガリになった聖女、エジプトのマリアの姿も。11世紀末-12世紀初

上・左頁／上は「最後の審判」全図。最上段「磔刑図」の下は「冥府降下」で、その下は天国に居並ぶ使徒たちだが、彼らの頭部から上はすべて20世紀初めの修復(他は11世紀末-12世紀初)。扉の上は天国の門へ誘う聖母。その上は魂の善悪を量る秤で、キリストから見て右に「善」、左に「悪」が描かれる。左頁は内陣の床モザイク。12世紀

美術

人を喰った獣たち

サンタ・マリア・アッスンタは「被昇天の聖母」という意味です。聖母マリアに捧げられた聖堂で、創建は639年、いまの建物は11世紀初めの改築です。

後陣の壁にひっそりと佇む聖母子［99頁］の美しさは特別なものですね。いまはなき須賀敦子さんの最愛のマリア像としても知られています。マリアとイエスの顔はギリシア人の親方が手がけ、他は地元のモザイク職人が担当しました。

聖母子像の対面、西壁全体に描かれたモザイク［102頁］は「最後の審判」。こちらは一転して賑やかです。下から3段目を見ましょう。中央は世界の終末時に再臨するキリストのための椅子（空《から》の御座《みくら》）です。その左右にラッパを吹く天使たち。ラッパの音を合図に死者がよみがえる場面［100－101頁］です。衣の襞《ひだ》によって立体感や躍動感を表す表現は古代美術の残響でしょう。私が好きなのは、海と陸の動物たちが呑みこんだ人間を吐きだすところ。象は人を食べないよーとか、人は魚より大きいよーとか、突っこみどころが多くて楽しい。

ビザンティンの聖堂では「最後の審判」は描かれません。審判者キリストの両脇に取りなし役の聖母と洗礼者ヨハネがいたり、キリストの足もとから業火の川が下段の地獄へ流れ落ちていたり、といった構図はここが最初期の例で、ジョットが描いたパドヴァのスクロヴェーニ礼拝堂その他、後代の審判図の先駆けでした。

ここで少し、モザイクの話をしておきます。中世のキリスト教美術ではとても重要な技法ですから。

現存最古のモザイク画は紀元前4世紀、ギリシアのペラにある床モザイクです。彩色した丸い小石を使っています。色ガラスや石のかけら（テッセラ）を用いるのは紀元前3世紀から。キリスト教美術の始まりは紀元後4世紀ですが、その頃すでにモザイクで聖像を描いていました。

神は光というキリスト教の教えからすれば、自然光や灯火によってきらめき、しかも色褪せることのないモザイクは最適の技法でした。聖像の背景は白から紺

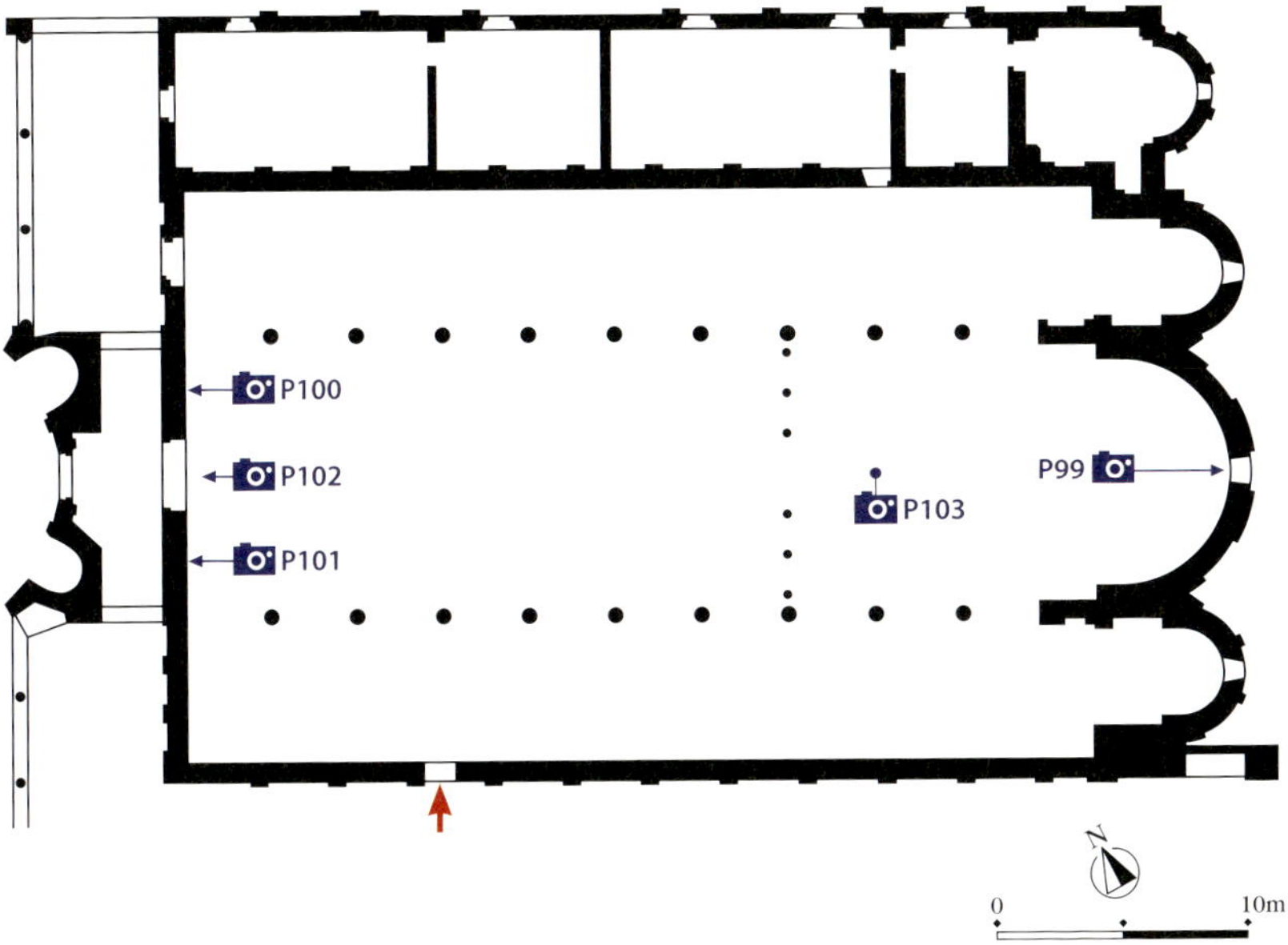

サンタ・マリア・アッスンタ大聖堂

Basilica di Santa Maria Assunta

へ、そして5世紀頃には透明のガラスで金箔を挟んだ金地が主流になります。金地背景は仄暗い堂内で効果を発揮しただけでなく、奥行を感じさせないその非現実感が、天上世界の表現にふさわしかったのでしょう。もちろんとても高価で、節約のために銀や錫のモザイクを混ぜこんだ例をよく見かけます。そもそもモザイク自体が経費のかかる技法で、15世紀イタリアの記録によればフレスコ画の約4倍。それ以前はもっと高価でしたから、皇帝、教皇、国王くらいしか注文できなかったはずです。あるいはヴェネツィアのように裕福な商都。

中世当時、美術の評価は素材による、と前に話しました［57頁］。モザイクのテッセラは単なる色ではありません。同じ白色でも、神の小羊には真珠貝を、聖ペテロの衣には白大理石を、他の使徒たちには色ガラスを用いるなど、図像の重要度によって使いわけていました。

文　金沢百枝

歴史
小島の栄光と没落

　ヴェネツィアの歴史は、サン・マルコ大聖堂を中心に広がる潟《ラグーナ》（本島）の歴史だけで理解できるわけではない。その潟の周囲に浮かぶ117の個性ある島嶼もまた、それぞれの歴史がある。潟と島嶼、この二つが揃ってはじめて、ヴェネツィアの歴史は立体的に動きはじめる。映画『ベニスに死す』の舞台となったリド島、ガラス細工で著名なムラーノ島、レース編みの名産地ブラーノ島……。トルチェッロ島もそんな島々のひとつである。

　トルチェッロ島は、観光シーズンをのぞけば人影すら少ない。しかしその歴史は潟に負けず劣らず古い。639年、ランゴバルド人の襲撃を逃れた人びとは、アルティヌム初代司教ヘリオドルスの遺体をたずさえてトルチェッロに移り、聖母マリアに奉献した聖堂を構えた。これが司教座聖堂であるサンタ・マリア・アッスンタ大聖堂のはじまりである。僻遠の小島というなかれ。戦乱に翻弄される潟より、海上に浮かぶ小島のほうが平穏という利点があった。そもそも中世においては陸路よりも水路のほうが、スピードも速く、かさの大きな荷を運ぶことができる。トルチェッロ島は、潟を上回るアドリア海の大交易センターとして地中海世界にその名を轟かせた。交易だけではない。塩田が広がり羊もあふれる裕福な島であった。

　この島が最盛期を迎えたのは、オルソ・オルセオーロ（在位1008－18）とヴィターレ・オルセオーロ（同1018－41）というふたりの兄弟司教の時代である。彼らの出身家門オルセオーロ家は潟の都市門閥であり、総督を何人も輩出した支配階級であった。とりわけオルソとヴィターレの父であったピエトロ2世は、政情が不安定だったバルカン半島のアドリア海沿岸部を平定し、後継者たる息子をビザンティン皇女と、娘のひとりをハンガリー王子と結婚させた。オルセオーロ家の栄華は、トルチェッロも等しくつつみこんだ。

　サンタ・マリア・アッスンタ大聖堂の改修が着手されたのは、オルソが司教職

トルチェッロ島の遠景。右側に大聖堂と鐘楼(修復中)が見える。

についた1008年である。オルソは、実家の権勢と東西交易で得た富を背景に、聖堂を島のシンボルにふさわしい規模に拡張した。聖堂にくわえて、11世紀のあいだに、潟を遠くまで見晴るかすことのできる鐘楼が建設された。トルチェッロを支配していたのは司教であった。誇張もあろうが、最盛期にはこの小さな島に2万人の住民をかかえていたとの伝承すらある。

しかしトルチェッロの繁栄は永遠ではない。12世紀以降、ガレー船艦隊を整備した潟が台頭するのと反比例して、トルチェッロの凋落ははじまった。交易の中心はサン・マルコの総督が束ねる商人集団に移り、羊毛産業の規模も縮小した。14世紀のマラリアの流行で人口は激減した。そして打ち棄てられた建物からは石材が切り出された。1689年には司教座そのものがムラーノ島へ移った。栄枯盛衰である。

文　小澤実

島へ向かう朝。ラグーナ(潟)に
打ちこまれた杭が絵のようだった。

ポンポーザ

平原に聳える名塔
サンタ・マリア修道院聖堂

Abbazia di Santa Maria,
Pomposa

上・左頁／海に程近い平坦な沼沢地にあり、遠くから美しい鐘塔が見える。聖堂の建造は11世紀前半、塔は1063年。左頁は鐘塔の西壁で、色違いの煉瓦文様、テラコッタ（素焼）の浮彫、はめこまれた色絵陶器など、見ていて飽きない。塔の窓が上へゆくほど広く、数も多くなるのは、風通しをよくして倒壊を防ぐ工夫。

「見る愉しみ」と「読む歓び」

since 1983 Shinchosha

とんぼの本

夕焼け空に赤とんぼ

あらゆるジャンルの
好奇心を満載して刊行中!!

2010年9月号

September 2010, New Lineup

新刊ニュース

新潮社

白洲正子と仲間たち

生誕100年を機に
改めて読み直す

白洲正子と歩く京都
白洲正子 牧山桂子 ほか
◉1470円
978-4-10-602169-5

白洲正子と楽しむ旅
白洲正子 光野桃
青柳恵介 山崎省三
◉1470円
978-4-10-602105-3

お能の見方
白洲正子 吉越立雄
◉1470円
978-4-10-602176-3

白洲正子 美の種まく人
白洲正子 川瀬敏郎 ほか
◉1260円
978-4-10-602093-3

白洲正子 〝ほんもの〟の生活
白洲正子 青柳恵介
赤瀬川原平 前登志夫 他
◉1575円
978-4-10-602085-8

小林秀雄 美と出会う旅
白洲信哉 編
◉1470円
978-4-10-602096-4

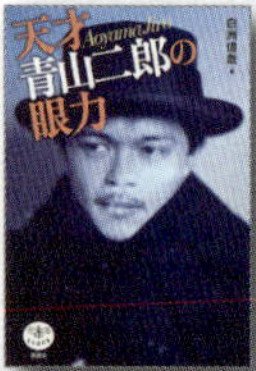

天才 青山二郎の眼力
白洲信哉 編
◉1470円
978-4-10-602146-6

右・左／聖堂正面には玄関間(ナルテックス)が設けられており、壁のテラコッタ装飾も見どころ。唐草文様の中から鳥獣、怪物が顔を出す。

右／堂内はほぼ全体に14世紀の壁画が描かれる。ヴィターレ・ダ・ボローニャ他、ボローニャ派の画家の作で、聖人伝や「最後の審判」など。その剝落部分には、古いロマネスク壁画も見える。
左／犬や鳥を描いた床モザイク。躍動的で魅力がある。11世紀

修道院の食堂だった部屋に描かれた壁画。食卓の右の人物は、聖堂建設時の修道院長聖グイド。左はラヴェンナ司教で、グイドが水をワインに変えた奇蹟を描く（卓上の左右のグラスに注目）。侍者の服装の差など、修道院の「清貧」を示す。リミニ出身の画家による14世紀前半の作。当時まだフォークはなく、食事は手づかみだった。

美術

レンガの清貧

ヴェネツィアから、古代ローマ以来の街道を南下してポー川を越えると、辺りに沼地が多くなります。起伏のない道を走り続けていると、地平線の彼方に美しい塔が見えてきます［119頁］。ポンポーザの鐘楼です。1063年の建造で（聖堂は11世紀前半）、高さ48メートル。私はヨーロッパでも屈指の美しい塔と思っています。

サンタ・マリア修道院のある辺りはポー川の支流がつくるデルタ地帯のため、土質が良好で作物がよく育ち、また塩田開発にも成功したことで、中世を通じてイタリアでも有数の裕福な修道院でした。聖地エルサレムの奪回を目指した第1回十字軍（1096－99）に際して、ヨーロッパ中の騎士がイタリア東岸に押し寄せた折、修道院は彼らに宿を提供、一宿一飯の恩義を忘れなかった騎士たちは、のちに遺言でポンポーザへの寄進を果たした、という話も残っています。

いまの聖堂と塔が建ったときの修道院長は、ラヴェンナ貴族出身の聖グイドで、彼の肖像が食堂の壁画［114－115頁］にあります。14世紀前半にリミニ出身の画家が描いたもので、グイドは食卓の向かって右側、席をともにするラヴェンナ司教の前で水をワインに変えてみせた、という奇蹟の場面です。ラヴェンナの虚栄に対して、ポンポーザの清貧を顕彰する意図もあるようです。

清貧志向は建築にも表れています。グイドは煉瓦やテラコッタといった安価な素材にこだわりました。ミラノのサンタンブロージョやラヴェンナの諸聖堂の外壁も煉瓦ですが、それらは大理石や漆喰といった当初の壁が剝がれ、下地が見えているに過ぎません。グイドの時代、煉瓦むきだしの建物は貧相な印象を与えたはずです。

貧すれば鈍すといいますが、ポンポーザは豊かでしたから、清貧はポーズです。鈍すどころか、あえて安価な素材を使ってどれだけ粋なことができるか、という

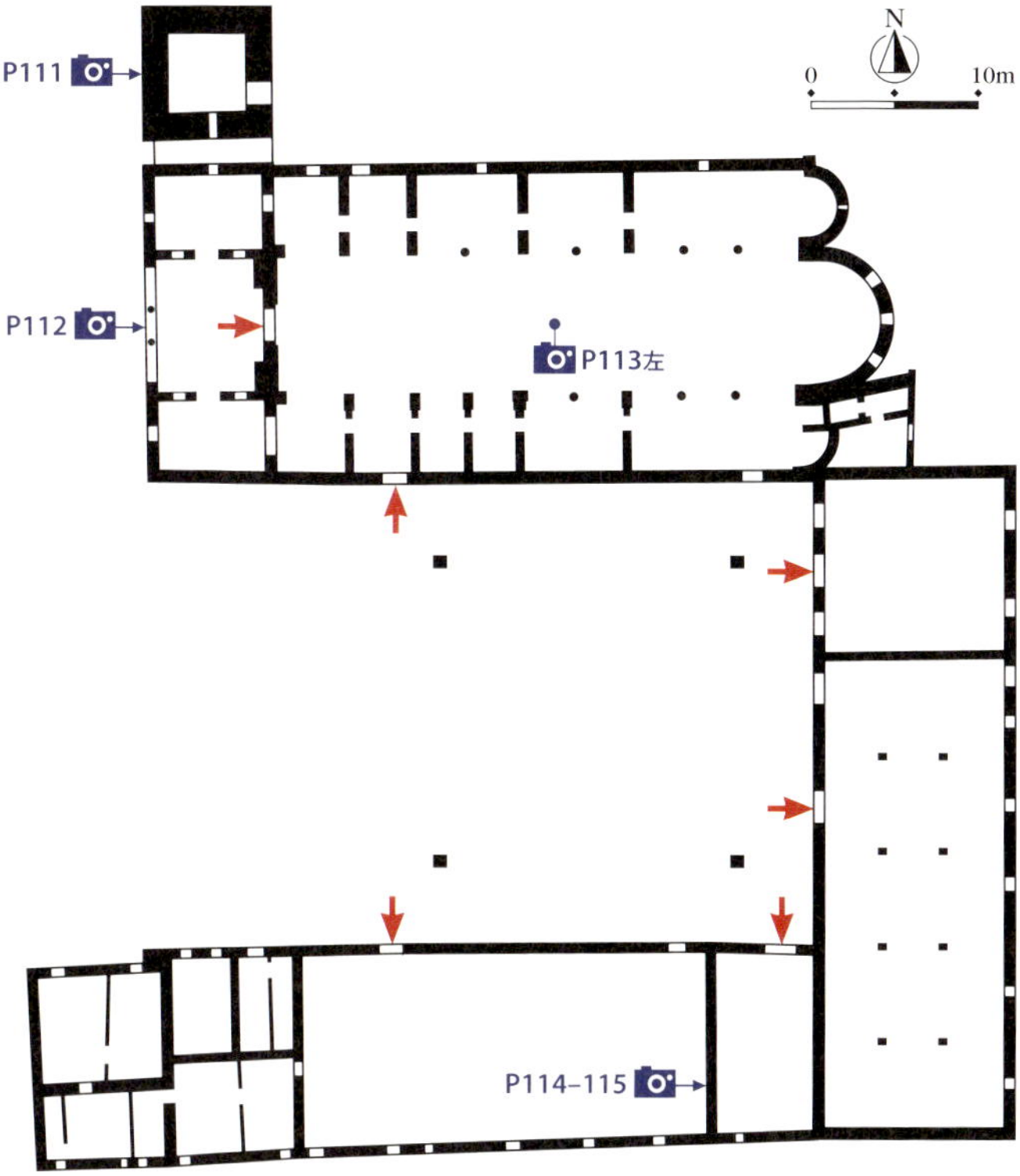

サンタ・マリア修道院聖堂

Abbazia di Santa Maria

表現意欲に満ちあふれています。わざわざ焼き色の異なる煉瓦を誂《あつら》えて、しかも形や大きさも変えて、それらを文様のように並べました。まるでクレーの絵のようです。テラコッタの浮彫も手が込んでいますし、煉瓦との色の相性もぴったりです［112頁］。

そして実は、建物をよく見ると必ずしも安価なものばかりではないことに気づきます。塔の外壁には陶器の大皿がたくさん嵌めこんであります［111頁］。望遠鏡で見ると、色とりどりで文様もしっかりしています。一見したところイタリアあるいはスペインのマヨリカ焼ですが、調べてみると、エジプトの陶器が多いとのことで驚きました。マヨリカ焼は13世紀以降ですが、エジプト陶器は11世紀のもので、もちろんかなり高価な輸入品でした。

文　金沢百枝

歴史

ドレミの起源

523年に創建されたポンポーザ修道院にサンタ・マリア聖堂が増築されたのはカロリング時代のことである。ローマ教皇領に隣接するファルファ修道院とならび、イタリア全域に所領と系列修道院をもつことになったポンポーザは、イタリアを代表する修道院となった。そして修道院長グイドの時代である1001年、皇帝オットー3世より、所轄司教座であるラヴェンナから自由を得る特権状を獲得し、自由修道院となった。ヨーロッパでも屈指の、外部からの影響を極力排除した、修道院国家というべき組織である。

グイド修道院長の時代、ポンポーザ修道院にもうひとりのグイドがいた。アレッツォのグイドという。彼の生い立ちなどについて知られるところは僅かだが、ポンポーザ修道院で日々聖歌を朗誦する聖歌隊の指導にあたっていたらしい。言ってみれば音楽の先生である。グイドが指導していたのは、神の栄光を讃えるためにうたい上げられる聖歌である。聖歌の唱和は、神に仕える修道士にとって最も重要な聖務のひとつである。神学の一部といってよい。グイドは『ミクロログス』という音楽理論書を残した中世教会音楽の最重要人物であるが、音楽教育者として、現代の私たちとも密接に関係する発明をふたつ残している。

ひとつは「ド・レ・ミ……」という音階名称である。「聖ヨハネの讃歌」（ランゴバルド王国の歴史家パウルス・ディアコヌスの作である！）という聖歌は、「ドはドーナツのド」ではじまるドレミの歌がそうであるように、各節の音階がCDEFGAと上昇する歌である。この讃歌の各節の歌詞の最初の2文字を抜き出すと「Ut Re Mi Fa Sol La」となる。グイドはCの音を「Ut」、Dの音を「Re」と名前をつけた。これを階名唱法という。「Ut」はのち「主 Dominus」をあらわす「Do」に置き換えられ、わたしたちに馴染み深いドレミファソという階名とな

ポプラ並木の長い道は修道院へまっすぐに伸びている。

った。

　もうひとつは四線譜の発案である。わたしたちは初めての曲であっても、楽譜さえあれば、作曲者が意図したのとほぼ同様に曲を再現することができる。しかしながら、グイド以前のヨーロッパに、わたしたちが知るような五線譜は存在しなかった。単線上にネウマという現在の音符の原型となる記号を記したものが楽譜だったのである。この譜面を読み解くのは容易ではなく、特殊な訓練をつんだ指導者がいなければ聖歌を再現できなかった。グイドは、4本の線の上にネウマを置くことで、だれでも音階を読み取ることができるようにした。なお現在の楽譜は通常五線であるが、聖歌は今でも四線を用い続けている。

　階名唱法にせよ四線譜にせよ、神を讃える聖歌を、世界のどこにいても、誰でも同じように再現できるように、とのグイドの思いがこめられている。

文　小澤実

美術のなかの物語｜3

サロメの踊り

金沢百枝

サロメはヘロデ大王（嬰児虐殺などを行なったユダヤの王）の孫で、母親はヘロディアス。洗礼者ヨハネ伝の登場人物です。

ヨハネはキリストに洗礼を授けた預言者ですが、ヘロデ・アンティパス王が兄嫁ヘロディアスと再婚したことを批判したため、牢獄に入れられます。その後、王の誕生日を祝う宴席で、ヘロディアスの連れ子サロメが舞踊を披露、喜んだヘロデ王は「何でも欲しい物を授けよう」と告げます。ヘロディアスはヨハネを恨んでいました。そこで娘のサロメに、ヨハネの首を所望するよう入知恵します。王は聞き入れ、ヨハネは斬首されました。

新約聖書のマタイ、マルコの福音書にある話ですが、そこではサロメの名は記されていません。1世紀に書かれたフラウィウス・ヨセフス『ユダヤ古代誌』に、少女の名はサロメとあります。

サロメといえば、オスカー・ワイルドの戯曲に代表されるように、「妖婦」の代名詞となっていますが、それは近代以降のことです。中世の頃は、洗礼者ヨハネ殉教場面の登場人物のひとりに過ぎません［左頁］。ルネサンスになると、サロメを単独で描いた「美人画」が現れます。バロックになると、そこに猟奇的趣味が加わります。

中世のサロメが悪女として描かれたのかどうかは微妙なところです。作例はおもに彫刻ですが、悪女なら醜く描くはずなのに、そうなっていません。ただし舞踊という行為自体を「誘惑」とする見方もあり、そうなると悪女ですね。

中世のサロメ像の見どころは「踊り」の表現です。ヴェローナのブロンズ彫刻はとくにアクロバティックで、よく見ると右手で足をつかんでいます。眼を見開いた表情も真剣です。両端の人物もサロメで、洗礼者ヨハネの首を持っています。中央はヘロデ王でしょう。テーブルの上の線刻は、パンや魚など、宴会料理と思われます。

左頁／ヘロデの宴とサロメの踊り　1138年頃
ブロンズ　ヴェローナ、サン・ゼノ・マッジョーレ聖堂

中世イタリア事件史｜3

マルコ・ポーロの『驚異の書』

小澤実

中世ヨーロッパ世界の歴史は、中央ユーラシアの遊牧騎馬民族との接触の歴史でもあった。5世紀にゲルマン人の西方移動を引き起こしたフン人、8世紀にカール大帝とまみえたアヴァール人、10世紀にパンノニア平原にハンガリー王国を建国したマジャール人、11世紀以降東欧の君主たちと矛を交えたクマン人らである。そのような民族の中でヨーロッパ人の記憶にもっとも強いインパクトを残したのは、13世紀に全ユーラシアにまたがる領域を掌握したモンゴル人であった。

モンゴル皇帝オゴデイ・ハンに西方拡大の命を受けたジュチ家当主バトゥは、1237年にキプチャク草原からロシア平原へと騎馬隊をすすめ、内紛で混乱していたルーシ諸侯をつぎつぎと打ち破った。1241年にはポーランドのワールシュタット（リーグニッツ）でポーランド王ヘンリク2世を討ち死にさせ、さらにハンガリー国王ベーラ4世を敗走せしめた。このままヨーロッパの内奥部へと進撃するかに思えたモンゴル軍であったが、同年皇帝オゴデイが死去したとの報を受け、キプチャク草原へと帰還した。

たった数年のヨーロッパ席巻であったが、モンゴル人はヨーロッパ人を恐怖に陥れた。モンゴル人は聖書に言う地獄《タルタロス》の使者ではないか。フランス王や教皇はただちにモンゴル人の情報を集めるべく、ギョーム・ルブルクやピアン・ディ・カルピニといったフランシスコ会士をモンゴル帝国に派遣した。このような使節が収集した情報からモンゴル帝国の実情がわかるにつれて、さまざまなひとがモンゴル帝国を訪れるようになった。東方の産物を求めたヴェネツィアの商人マルコ・ポーロ（1254－1324）もその一人である。1271年にヴェネツィアをたった彼は、モンゴル皇帝フビライ・ハンの宮廷のある上都《ザナドゥ》に到達し、宮廷で地位を得て1295年に故郷に帰還した、と言われる。

ポーロの名を一躍有名にしたのは、その著

書『驚異の書』（いわゆる『東方見聞録』）である。ヴェネツィアがライバル都市ジェノヴァと交戦したさいに捕虜となったポーロが、1298年、牢獄の中でルスティケッロなる人物に口述筆記させた物語である。『驚異の書』は、ポーロがモンゴル滞在中に見聞したことに基づいているとはいえ、そのタイトルの通り、未知の世界に期待を寄せるヨーロッパ人を驚嘆させる話を盛り込んである。東方世界は富があふれ、怪物が跋扈する世界であると。どこまでが真実でどこまでが創作なのかわからない驚異譚の体裁をとっていた。「黄金の国ジパング」なる極東の島国をはじめてヨーロッパに紹介したのもポーロであった。

牢獄で生まれた『驚異の書』はたくさんの写本が作成された。現在に伝わっている写本の総数だけで150をくだらないという。ヨーロッパ人はよほど『驚異の書』を気に入っていたようである。なかには大変美しい挿絵

1298年

の描かれた写本もあり、読む人の想像力を逞しくさせ、東方世界への憧れを幾重にも膨らませた。ポーロの文章はたしかに誇張だらけであるが、そこかしこにモンゴル帝国での経験がかもしだすリアリティがある。そのリアリティこそが凡百の驚異譚から『驚異の書』を際立たせていた。

『驚異の書』が世に出て200年後の15世紀末、それを愛読し、東方世界の富を手に入れようと考えた人物がいた。ジェノヴァ出身のコロンブスである。アンダルシアのパロス港を出帆したコロンブスは、大西洋を西へ西へと進み、1492年10月12日、「インド」にたどりついた。彼が発見した島はもちろんインドではなく、現在の西インド諸島のひとつサン・サルバドル島である。『驚異の書』は、ヨーロッパ人のアメリカとの邂逅を実現させた書でもあった。モンゴルの衝撃は間接的にコロンブスのアメリカ到達に結びついている。

ラヴェンナ

モザイクと東ローマ帝国の栄華

サン・ヴィターレ聖堂

Basilica di San Vitale,
Ravenna

上・左頁／いまは静かだが、古代末から中世初期は栄華の都だった。西ローマ帝国、東ゴート王国の首都であり、その後は東ローマ帝国(ビザンティン帝国)の総督府が置かれた。聖堂の建造は6世紀前半。東ローマ時代で、集中式(八角形)の平面プランはビザンティン風。左頁は聖堂内陣。天井に「神の小羊(キリスト)」と4人の天使、奥の後陣では天球(宇宙)に坐すキリストの足もとから、楽園の四つの河が流れだす。装飾文様も精緻多彩であり、モザイク芸術の最高峰。窓がほぼ東向きなので、朝方はことに輝きが美しい。

上／後陣キリスト図の左下には、聖堂完成時の東ローマ皇帝ユスティニアヌスが描かれる(左端)。「蛮族」からイタリアを奪還した名君だ。紫の衣は皇族の印。黄金のパテナ(聖体皿)を持つ。右端はラヴェンナ司教マクシミアヌスで、描写がリアル。6世紀前半
右頁／その対面には皇妃テオドラ(左から二人目)と侍女たち。テオドラも紫衣姿で、聖杯を持つ。夫妻はこれからミサを行なう。彼女はもと踊り子(娼婦)、聖堂の完成直後に歿した。侍女の衣装も豪華で、皇妃の右隣の女性は高価なペルシャの布をまとう。6世紀前半

左右頁／聖堂の敷地内に、十字形の小堂が建っている。ローマ帝国の皇女ガッラ・プラキディアの霊廟（生前墓）で、石棺もあるが、使われなかった。建造は440年頃。当初はサンタ・クローチェ聖堂（現存せず）に附設。堂内は暗く、モザイクの背景色は濃紺で、正面奥の半円壁には火焙りで殉教した聖ラウレンティウス像［右］。天井には東の空に昇る黄金の十字架と99の星を描く。下の使徒二人はペテロとパウロで、十字架の出現を讃える。「マタイ福音書」によるキリスト再臨の表現とも。

ガッラ・プラチディア廟の天井。夜空に瞬く星々に、
ヒナゲシとバラをあしらう。４４０年頃

美術

輝きの明と暗

1026年、トスカーナ地方アレッツォ司教は、大聖堂建設を依頼した石工をラヴェンナへ旅立たせました。「この世で最も素晴しい」サン・ヴィターレ聖堂を見学させるためです。その200年程前、フランク王カール（大帝）が西ローマ帝国の皇帝となったとき、ドイツのアーヘンに建てた宮殿の礼拝堂も、平面プランやモザイク装飾など、サン・ヴィターレを手本にしました。時代を隔てたいまも「この世で最も素晴しい」と思えるモザイクが、このひっそりとした町で、静かに輝いています。

サン・ヴィターレの創建は6世紀前半。建設中にラヴェンナの支配者は東ゴート王国から東ローマ帝国（ビザンティン帝国）に変りました。八角形の集中式プランはビザンティン式聖堂の典型です。当初の堂内の様子はわかりませんが、いまは祭壇のある内陣の壁［125頁］と、後代の床モザイクが部分的に残っています。

内陣奥の半円蓋部分には、ヒゲのない青年姿のキリストが、宇宙を表す青い球に坐しています。4本の川が流れる花咲く緑野は楽園の情景。左端の人物は、2世紀にローマで殉教した聖ウィタリス（サン・ヴィターレ）です。

その下の左の壁には、東ローマ皇帝ユスティニアヌス（483頃－565）の一行が、右の壁には皇妃テオドラ（500頃－48）の行列が描かれています［126－127頁］。皇帝夫妻の衣は禁色《きんじき》の紫です。テオドラはかなりの女傑だったようで、首都騒乱の際、逃げ腰だったユスティニアヌスを、「逃げるくらいなら紫衣のまま死んだほうがまし」と叱咤したと伝えられています。皇帝の右側、禿頭の人物はラヴェンナ司教マクシミアヌスで、皇帝に賄賂を贈ってその地位を得たとの悪評が残っています。

サン・ヴィターレ聖堂の敷地内に、祠のような小さな建物があります［128頁］。建造は440年頃、とても古い廟堂です。堂内の石棺は空で、そこに入るはずだった皇女ガッラ・プラキディアについては、歴史解説に譲ります。いまは

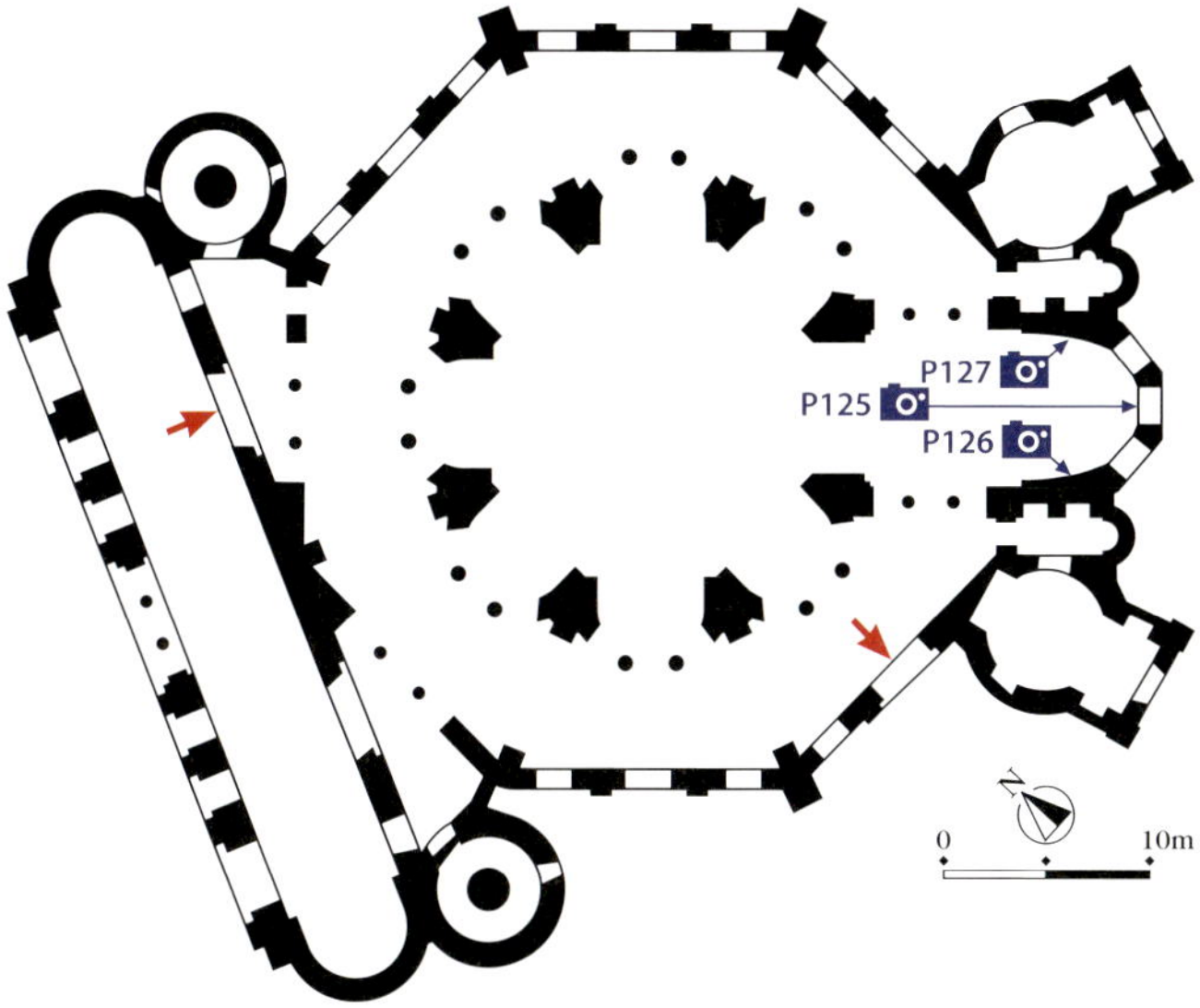

サン・ヴィターレ聖堂

Basilica di San Vitale

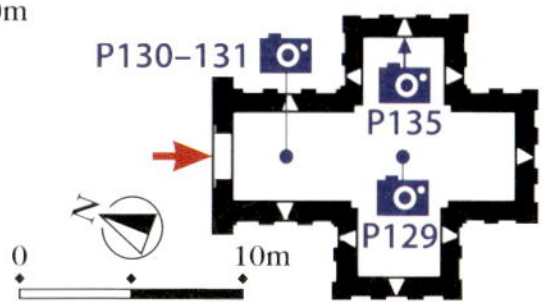

ガッラ・プラチディア廟

Mausoleo di Galla Placidia

跡形もありませんが、当初はサンタ・クローチェ聖堂附設の礼拝堂でした。聖ラウレンティウスに捧げられた、おそらくは葬礼用の空間で、そのためか窓が小さく、堂内は暗く、モザイクも金地ではありません。中央の円蓋天井［129頁］に描かれるのは夜明け前の東の空で、そこに神を表す十字架と99個の星が現れて輝くという、キリスト再臨を暗示する情景です。いまは電灯で照らしていますが、かつては蠟燭だったはずで、堂内はもっと暗く、炎のゆれにあわせて深い群青のなかの星がかすかに瞬く様子は、さぞかし神秘的だったことでしょう。

　サン・ヴィターレもガッラ・プラチディア廟も、他のモザイクにくらべてテッセラ（かけら）が細かく、いわば高解像度の高画質です。描写も配色もていねいで、モザイク芸術の白眉はやはりここにあると、私は思っています。

文　金沢百枝

歴史

悲運の皇女ガッラ・プラキディア

イタリアにあってイタリアならざる町、それがラヴェンナである。中心部から5キロ東に離れたクラッセを外港とし、アドリア海から東地中海へと開かれたこの都市の繁栄は、402年にホノリウス帝が、西ローマ帝国の首都をミラノからこの地に移したときにはじまる。493年にはテオドリック大王が東ゴート王国の首都とし、その後、東ローマ帝国（ビザンティン帝国）のイタリア統治機関であるラヴェンナ総督府が設置された。西ローマ帝国が崩壊し、イタリアの他の地域が諸侯の並び立つ中世的世界へと変容するなか、ランゴバルド人に征服される751年まで、ラヴェンナは東ローマ帝国から古代文化を吸収し続けた。

現在のラヴェンナには八つの世界遺産が登録されている。いずれも、西ローマ帝国の最末期からラヴェンナ総督府が解体するまでの2世紀半の間に建てられた。皇帝ユスティニアヌスと皇妃テオドラのモザイクで著名なサン・ヴィターレ聖堂を筆頭に、サンタポリナーレ・ヌオーヴォ聖堂やテオドリック大王の霊廟など。東ローマ帝国の支配のもと、栄華を極めたラヴェンナの在りし日を伝える初期中世建築の数々である。そのなかでも最古の建築とされるのが、サン・ヴィターレの横にひっそりと佇むガッラ・プラキディアの霊廟である。

390年ごろ、テオドシウス帝と彼の後妻の娘として、ガッラ・プラキディアは生まれた。しかし彼女の生涯は、深窓の姫君というには程遠い。ヴァンダル人出身の将軍スティリコの家で養育された彼女は、二度、意に染まぬ結婚をした。410年、西ゴートの首領アラリックはローマを徹底的に略奪し、ガッラを拉致した。彼女は西ゴートの進軍にあちこちつき合わされた挙句、南フランスのナルボンヌでアラリックの弟アタウルフと挙式した。415年のアタウルフの死後、ガッラはローマに帰還することができたが、その後、異母兄ホノリウス帝の命令で、ローマ人将軍コンスタンティウスの妻となった。コンスタンティウスが早世

ガッラ・プラチディア廟の窓。瑪瑙の板をはめこんである。水盤の鳩は、「生命の泉」に集う信徒を表す。440年頃

した後、あろうことか今度は兄が求婚する。ガッラはこの申し出を拒み、子供を連れてコンスタンティノープルに出奔した。

ガッラとコンスタンティウスの息子ウァレンティニアヌス3世は425年、御年6歳で西ローマ皇帝となった。必然的にガッラが摂政となり、帝国の政治を切り盛りすることになった。とはいえ西ローマ帝国は試練の時代を迎えていた。ガッラは実力ある将軍アエティウスと対立していた上に、中央アジアから遠路駆けてきた遊牧騎馬民族フンを率いるアッティラがヨーロッパを席巻していたからである。452年、ガッラの娘が送った、婚姻の約束とも取れる書簡が引き金となって、アッティラはイタリア入りをすることになる。ガッラはその結末を見ることなく450年にローマで生涯を終えた。生前墓であるラヴェンナの霊廟にガッラの遺体はない。

文 小澤実

モデナ

教会建築のお手本

モデナ大聖堂

Duomo di Modena

上・左頁／中央と左右の屋根に高低差をつけるなど、名棟梁ランフランコによる建築は、その後バロック時代に到るまでイタリア教会建築のモデルとなった。建造は12世紀だが、正面の丸窓（薔薇窓）ほかゴシック期の改装も。左頁は広場からの外観で、アーチのつらなり、凹凸のメリハリが見事。後陣部の中央下側の窓の上にはランフランコを讃える銘文が残る。塔は修復中。

左右頁／彫刻も見どころ。左頁は正面の壁のアダムとエヴァ。禁断の実にかじりついた瞬間の顔がおかしい。二人の息子がカインとアベルで、右頁下は射殺されるカイン。その右側にノアの箱舟が見える。これらの彫刻は名工ヴィリジェルモの作だが、軒下は別の親方の作で飾られた［右頁上］。地球の裏側に住むアンティポデス（だから逆さ）。いまは隣の大聖堂附属博物館にある。いずれも12世紀

ADAM

右／南扉口の装飾。ランフランコの後をついだカンピオネージ工房によるもの。薄紅色のヴェローナ大理石を用いている。13世紀初
左／堂内の様子。外観は大理石の化粧貼りだが、構造自体は煉瓦造。

内陣とその手前を仕切る壁(内陣障壁)には、キリストの受難伝が刻まれる。中央は「最後の晩餐」。イエスがユダにパンを与えている。左は「弟子たちの足を洗うイエス」、右は「ユダの接吻とペテロの耳切り」。アンセルモ・ダ・カンピオーネの作で、石に彩色。彩色は後代だが、当初も色つきだったはず。12世紀後半

美術
名工が刻んだ「瞬間」

モデナで大聖堂の新築工事が始まったのは1099年です。領主のトスカーナ女伯マチルダは、「カノッサの屈辱」(1077年)の際、カノッサ城主として教皇と皇帝の仲裁役をつとめた人です。カノッサはモデナの西方40キロ程のところにあります。マチルダはモデナに常在していたわけではなく、大聖堂建設の旗降り役はモデナ市民でした。

建築家はランフランコ、彫刻家はヴィリジェルモ。ともに経歴不詳で、モデナ以外の作例も知られていないのですが、どちらも当代一流の親方だったことが文献記録から読みとれます。ちなみに、ランフランコの肖像は大聖堂附属博物館にある13世紀の写本挿絵で見ることができます[145頁]。基礎工事を行なう人足の不平顔と、親方の右手の棍棒が気になりますが。

この絵のように工事は急ピッチで進み、1106年には最も大事な内陣部分が完成しました。1117年に北イタリアで大地震が起ったとき、ヴェネツィアやパルマなど各地の聖堂が半壊、倒壊するなか、モデナの大聖堂は全くの無事だったそうです。さすがですね。しかし健康上の理由なのか、1120年代末に棟梁を降ります。全体の完成は1184年のことでした。聖堂西正面[136頁]の大きな丸窓(薔薇窓)や2階建のポーチは、ランフランコの設計ではありません。

聖堂は煉瓦造ですが、外壁は大理石を化粧貼りしています。白一色だと見ためが単調になるため、ランフランコは大小さまざまなアーチを設けて壁に凹凸をつけました[137頁]。そのアーチのリズムと陰影がほんとうに素晴しい。西正面の立面も、ミラノやパヴィアで見たようなロンバルディア風の五角形ではなく、中央と左右の屋根の高さに段差をつけています。威圧感が薄れ、軽快な印象になるだけでなく、構造的にもこちらのほうが強いそうです。これ以後はバロック時代に到るまで、このスタイルがイタリア

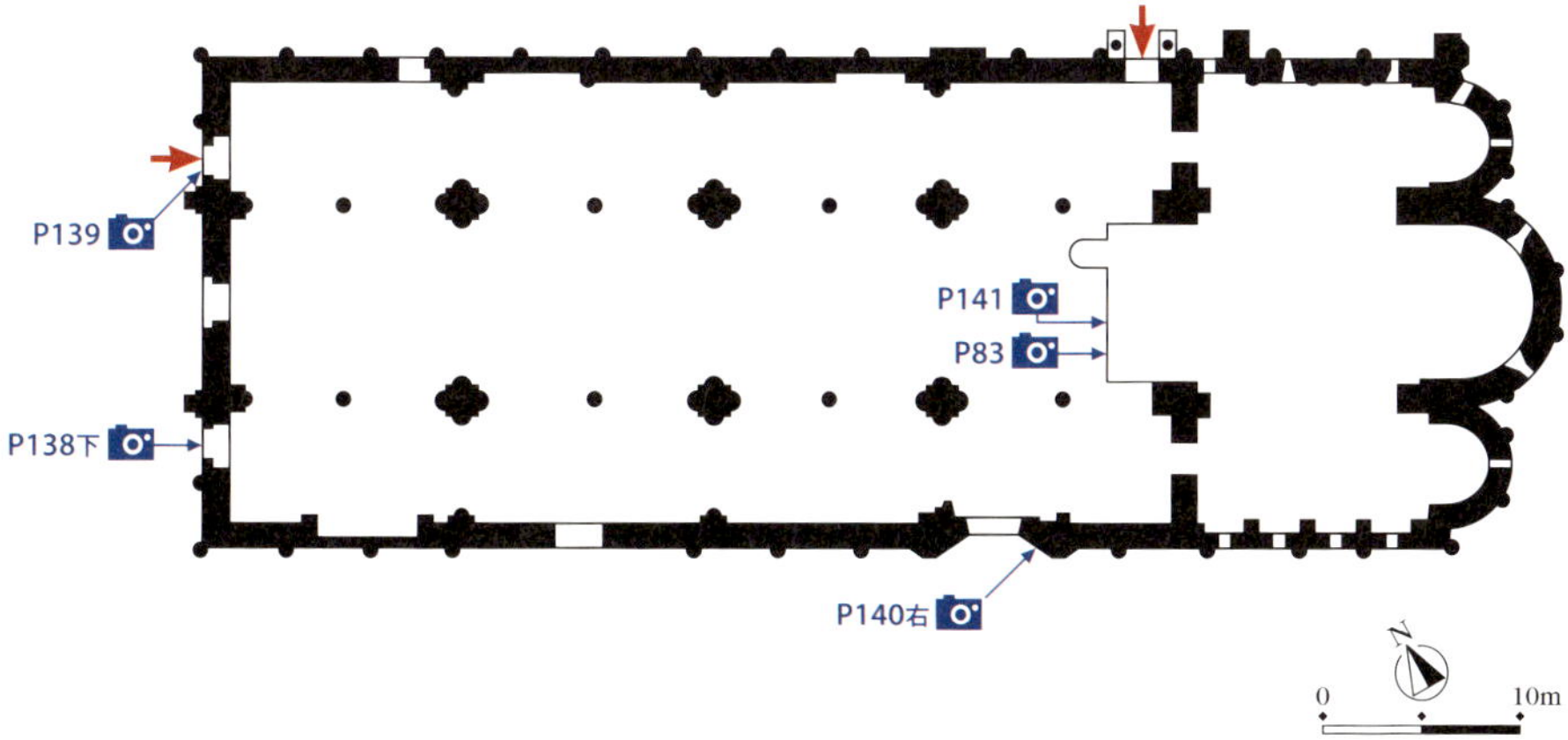

モデナ大聖堂

Duomo di Modena

の教会建築の基本になりました。

　ヴィリジェルモの彫刻は西正面で間近に見られます。「創世記」の場面が刻まれていますが、中世にしてはかなり立体的な表現です。それでも、ちゃんと中世的なお茶目さもあるところが嬉しい。例えば禁断の実をいままさに齧ろうとしているアダム［１３９頁］。ガブリ、の瞬間です。盲人レメク（カインの子孫）の矢に斃れるカインも「瞬間」の表現［１３８頁下］ですね。

　先ほどの「アダムとエヴァ」の右横では、預言者エリアとエノクが文字の記された板を持って立っています。文字の意味は「ヴィリジェルモよ、あまたの彫刻家のなかで最も偉大な栄誉に値すると証す」。正面の壁ですからね。ここまであからさまなのは確かにめずらしいですが、中世の芸術家が控えめだったという通説は、美しい誤解です。

文　金沢百枝

歴史
主役は市民

11世紀後半、中北部イタリアの各地で、雨後の竹の子のようにコムーネが形成された。コムーネとは、司教権力や伯権力から独立し、都市民による評議会によって運営がおこなわれる都市共同体のことである。都市全体の意思を決定する評議会を統括するのは、その評議会の中から選出されたコンスル（執政官）である。コンスルとは本来共和政ローマ時代における最高権力者の役職名であり、中世北イタリアのコムーネはその名前を復活させたことになる。いかにもローマの遺産を受け継ぎ、共和政ローマを理想としていたイタリアらしい。

　モデナでコンスルを確認できるのは1135年のことである。しかし、実質的に都市全体の政策を決定する都市民の会議《アレンゴ》は、11世紀の段階で確立していた。1099年に大聖堂の建築を決めたのも、「都市民と教会人」である。たしかに領主のもつ力が弱いわけではなかったが、時代の趨勢はコンスルが統括する都市共同体へと移りつつあった。

　都市壁で囲まれたコムーネの顔は、大聖堂、市政庁舎、そして広場である。都市の中央を占めるこの三位一体を眼にすれば、そこをはじめて訪れたものでも、その都市が蓄えている力がいかほどか、おおよその見当はつく。モデナの守護聖人聖ゲミニアヌスの遺骨を納める大聖堂の建設は、1099年にはじまり、1106年には領主マチルダが隣席するなか、聖人の遺骨の移葬式が挙行された。

　大聖堂を最高の作品に仕上げるために都市側が指名したのが、気鋭の建築家ランフランコと彫刻家ヴィリジェルモ。それぞれが先端技術者集団である工房を率い、分業制で聖のコスモスを練り上げた。大聖堂は、当世最高の知識人であった教会人の知と、最高の技術者であった建築家や彫刻家の技が出会う場であった。12世紀のイングランドを舞台としたケン・フォレットの小説『大聖堂』で繰り広げられる出来事さながらの光景が、同時期

聖堂の基礎工事をする人足と、彼らに指示する棟梁のランフランコ。13世紀の写本『聖ゲミニアヌス移送伝』より。大聖堂附属博物館

のモデナでも展開されていたのだろう。

大聖堂の完成をかわきりに、モデナは都市の貌を大幅にかえることになった。1169年には大聖堂に附属する鐘楼が追加建設される。通称ギルランディーナ、86メートルに達するこの鐘楼は幹線道路エミリア街道を見はるかし、逆にモデナの遥かかなたを行く人からも視認される。1195年には大聖堂と同じく大広場《ピアッツァ・グランデ》に面して市政庁舎《パラッツォ・コムナーレ》の建設が着手された。かくして12世紀のあいだにモデナは典型的な共和政コムーネとなった。

1288年にフェッラーラ侯エステ家の支配下に入ったモデナは、ローマ帝国がそうだったように共和制から君主制へと移行し、市民の姿は後退した。しかしながら大聖堂と鐘楼、市政庁舎、広場という都市の貌は現在にまで残る。1997年には世界遺産に登録される貌である。

文 小澤実

パルマ

中世とルネサンスの競演
パルマ大聖堂

Cattedrale di Parma

上・左頁／チーズや生ハムで知られる食の都。パルマ川が街を東西に二分し、大聖堂は東側にある。広場に面して大聖堂(12-13世紀建造)と洗礼堂(13世紀初。左頁)が建っている。大聖堂の正面はパヴィアのサン・ミケーレ聖堂の「看板建築」を受け継ぐデザイン。薄紅色のヴェローナ大理石が美しいロマネスク様式の洗礼堂は、扉口上の半円の壁面や堂内で、彫刻家アンテーラミの名作が見られる。

右頁／聖堂もロマネスク様式だが、ルネサンスのフレスコ画（ジローラモ・マッツォーラ・ベドーリ作。16世紀前半）が壁面を埋めつくしているため、一見、中世らしさを感じない。左頁／しかし柱頭を見ればやはりロマネスク。上の角の男は正体不明だが、「空から帰還するアレクサンドロス大王」とも。下は修道服を着た狼とロバ（右端）。ロバは葦の束を振り、狼の持つ銘文には「修道士になった狼が教化される」とある。いずれも12世紀後半

上・左頁／アンテーラミ作「十字架降下」より。もとは内陣障壁の一部で、撤去後、いまは内陣の壁に掛けられている。十字架上にアンテーラミの自署がある。悲しみを増幅させる構図、兵士が奪いあうイエスの衣の異様に生々しい襞[上]など、中世美術の迫真性を伝える名作。右端の兵士の手のひらにはサイコロ。衣の獲得者を決めるためのものだ。1178年

上・右頁／大聖堂にはルネサンスの傑作も。クーポラ(円蓋天井)に描かれたコレッジョ晩年のフレスコ画で、天使たちに付き添われながら光の中へ昇天する聖母(青いマント姿)を描く。迎えるキリストの素足が印象的。遠近法も強烈だが、側面の窓からの光が絵の浮遊感をいや増している。1522-30年

美術

彫刻家アンテーラミの偉大さ

アルプス以北の諸都市で大聖堂建設の機運が高まるのはゴシック期以降ですが、イタリアはロマネスク時代からでした。都市の発展と市民意識の高まりが、他地域よりも早く訪れたからです。パルマ大聖堂の建設も1092年から。しかし1117年の大地震で工事は遅れ、聖堂全体が完成したのは1281年でした。鐘塔は13世紀末、広場に面して並びたつ美しい洗礼堂［147頁］は13世紀初めの建造です。聖堂とは別に、こうした立派な洗礼堂を建てるのもイタリアならではのことで（他は聖堂内に洗礼盤がある）、初期の教会建築のスタイルを受けついだものです。

聖堂建築はロンバルディア風のロマネスクで、パヴィアと同様のスクリーン・ファサードです［146頁］。骨格はロマネスクなのですが、堂内は16世紀ルネサンスの壁画で埋めつくされているので［148頁］、これまで見てきた聖堂と違って派手です。壁画で見逃せないのはコレッジョの天井画［152－153頁］。祭壇手前の円蓋部分に、1522年から1530年にかけて描かれました。

天国へ迎えられる聖母、つまり聖母被昇天の場面です。死せるマリアを迎えにきたキリスト、雲間を舞い、タンバリンやヴィオラやフルートといった楽器を奏でる天使たち。らせん状の構図と、遠近法のイリュージョニズムを駆使したこの絵の強烈な上昇感は、約100年後にローマで発展するバロックの天井画の先駆けでした。何よりも、コレッジョの持味であるやわらかな描写が眼を慰撫してくれます。フランスの作家スタンダールも「感動のあまり落涙した」そうです。

16世紀の改装により、ロマネスク時代の説教壇や祭壇障壁（内陣を仕切る壁）は撤去されました。その障壁の断片が、祭壇の右手の壁に掛けてあります。ベネデット・アンテーラミの浮彫「十字架降下」です［150－151頁］。1178年の作で、心打たれる中世美術の傑作です。アンテーラミは主にパルマで活躍した彫刻家ですが、ミラノやフェッラーラにも

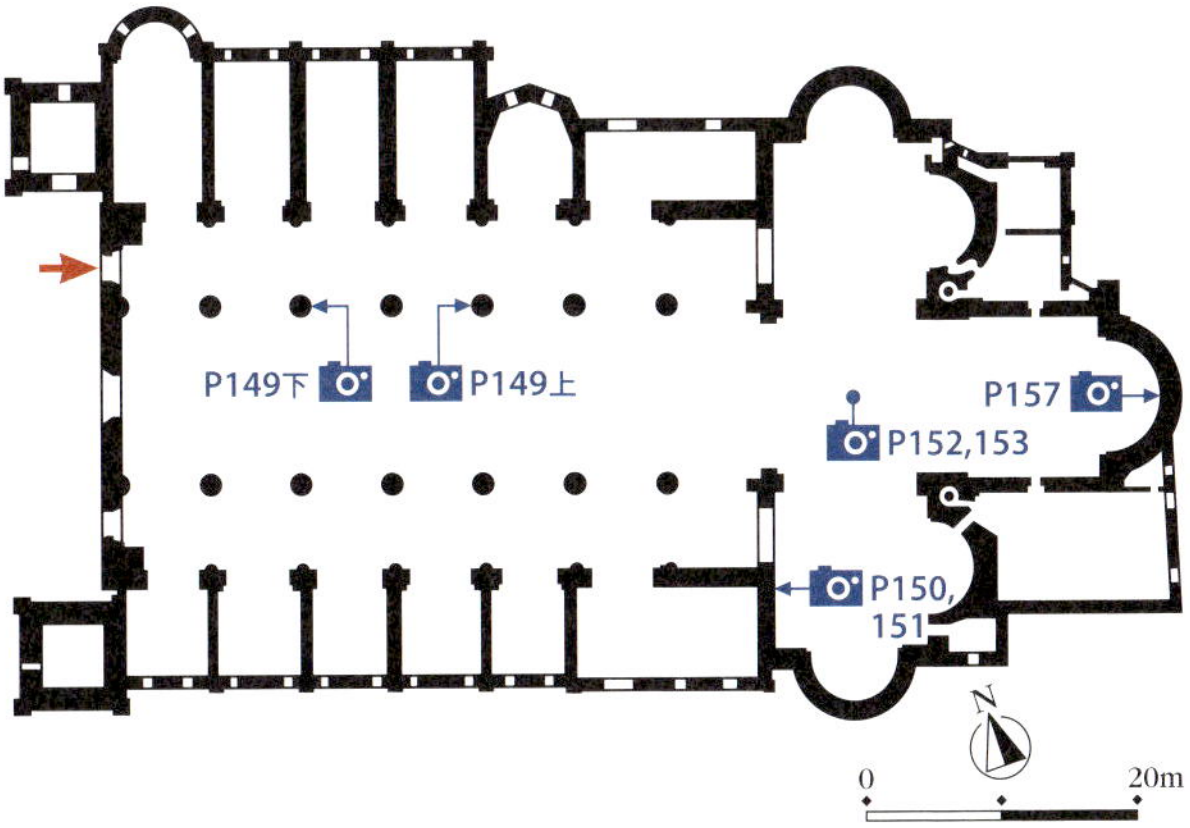

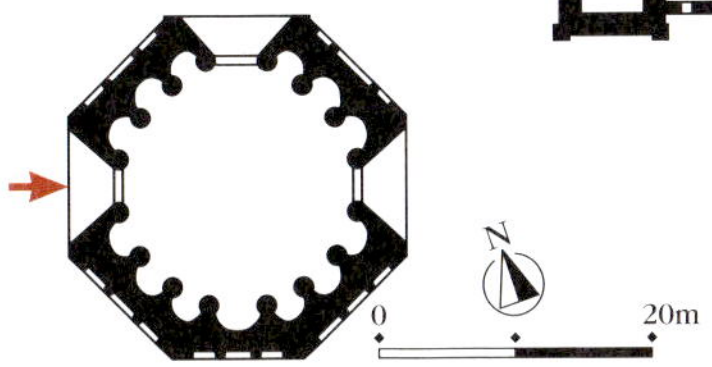

パルマ大聖堂
Cattedrale di Parma

パルマ洗礼堂
Battistero di Parma

作例が残ります。イタリア統一運動が盛んだった19世紀末、その迫真的で臨場感あふれる作風が「暗黒の中世」を革新したものとして評価され、画家ジョット（1266頃－1337）と並ぶルネサンスの先駆者に祭りあげられました。

　しかし、アンテーラミの彫刻の迫真性は、ルネサンス的な「写実」に由来するのではありません。人々は無表情だし、衣の下に肉体が感じられないなど、きわめて中世美術的です。それでもこの「十字架降下」が感動的なのは、哀しみにうつむく姿の反復や、兵士が奪いあうイエスの衣の動的な襞といった表現が、私たちに強く、何事かを伝えてくるからです。写実的表現では描きえないもの（例えば思想、感情）を、非写実的表現によって心に（眼や頭ではなく）直かに伝えようとした行為、それが古代やルネサンスとは異なる、中世の美術の本質ではないかと、私は思います。

文　金沢百枝

歴史

市民の後退と中世の終り

パルマ大聖堂が聖別されたのは、1106年10月31日のことである。パルマだけではなく、モデナ大聖堂も、おそらくフィデンツァ大聖堂も同年である。そして三つすべての大聖堂の聖別式に、教皇パスカリウス2世は列席した。叙任権闘争のさなかであった。しかし多忙をおして聖別式に列席する理由がパスカリウスにはあった。

叙任権闘争以来、中北部イタリアの都市は、皇帝を支持する都市と教皇を支持する都市に分離し、互いに反目した。前者をギベリン、後者をゲルフという。パルマは従来神聖ローマ皇帝に協力的なギベリン都市であったが、その皇帝と熾烈な争いのさなかにあった教皇は、オセロゲームで盤を自分の色に染め上げるかのように、ひとつでも自分に与《くみ》する都市をふやしたかったのである。聖別式がおわった11月、パスカリウスはあたらしいパルマ大司教に教皇派のベルナルド・デッリ・ウベルティを据え付けた。かくしてパルマは、ルネサンスに至るまで教皇派であるゲルフの都市に鞍替えする。

中北部イタリアの自治都市は、当初、都市民たちの手にゆだねられた。しかしながら中世盛期以降、状況は激変する。外部出身のポデスタ（行政長官）が差配するポデスタ制へ、そしてひとりのシニョーリア（僭主）が支配するシニョーリア制へと移行した。

中世後期のパルマは、複雑極まりない北イタリア政治史の波に翻弄された。1303年には、ギルベルト・ダ・コレッジョがパルマのポデスタに招聘され、1335年、ヴェローナを支配するデッラ・スカーラ（スカリゲル）家の支配を受け、1341年、ミラノ公であったルキアーノ・ヴィスコンティにより征服された。ヴィスコンティ家は、北イタリア最大の都市ミラノの支配者であり、ロンバルディア平原を我が物にしようとする拡

後陣中央に司教が坐る椅子（司教座）があり、側面をアンテーラミの彫刻が飾る。犬を踏みつけるのはアトラス（ミラノにもいました。19頁左）、馬上は聖パウロで、キリスト教徒弾圧に向う途中、突然眼が見えなくなって落馬する、という回心の場面。12世紀後半

大政策のなかに、パルマもまた組み込まれたのである。

1447年にヴィスコンティ家が嫡子なく断絶した後、スフォルツァ家のフランチェスコ1世がミラノ公位を継承し、自動的にパルマの支配者ともなった。フランチェスコは、ヴィスコンティ家に雇われていた傭兵隊長《コンドッティエーレ》であった。ヴィスコンティ家の女性と結婚したために、相続権を得たのである。その後パルマは、スフォルツァ家と近い家門の手にゆだねられ、ルネサンス時代を迎えた。

パルマの主人はその後も変転する。教皇を輩出したファルネーゼ家がたてたパルマ公国をへて、1731年、ブルボン家の支配下に入った。スタンダールの名作『パルムの僧院』は、ナポレオン戦争期のパルマを舞台としている。

文　小澤実

ナトゥルノ、サン・プロコロ聖堂の壁画。8-9世紀

文献案内｜美術

◆柳宗玄編『大系世界の美術11　ロマネスク美術』　学習研究社　1972年
このような選択眼をもつ研究者は、欧米にはいないだろう。
◆柳宗玄編『大系世界の美術10　初期ヨーロッパ美術』　学習研究社　1974年
好きなモノを見たときの編者の心の揺れを追体験できる。
◆辻佐保子『天使の舞いおりるところ』　岩波書店　1990年
中世美術への愛が伝わってくる。チヴァーテの壁画論を所収。
◆浅野和生『ヨーロッパの中世美術　大聖堂から写本まで』　中公新書　2009年
簡要でわかりやすい中世美術の入門書。
◆A.C.Quintavalle, *La Cattedrale di Parma*, Parma, 1974
ルネサンス期に大改装したパルマ大聖堂に潜む中世の動物たち。
◆S.Chierici, *Lombardie romane*, Yonne, 1978
Zodiaque社のロマネスク・シリーズは現在88巻。仏独伊語版あり。
◆S.Chierici, *Émilie romane*, Yonne, 1984
美しいモノクローム写真を見ているだけで旅立ちたくなる。
◆M.Adami, *Die Bronzetüren von San Zeno in Verona*, Verona, 1984
ブロンズ扉の細部に魅せられる。扉全体の見取図もある。
◆A.Samaritani, C.di Francesco(eds.), *Pomposa. Storia, Arte, Architettura,* Ferrara, 1999
音譜研究から陶器調査まで、イタリア文化財保護局が総力を結集した大著。
◆H.Stampfer, T.Steppan(eds.), *Affreschi romanici in Tirolo e Trentino*, Milano, 2008
アルプス山中の中世壁画を網羅する。図版の美しい豪華本。

文献案内｜歴史

◆ダニエル・ウェーリー『イタリアの都市国家』　森田鉄郎訳　平凡社　1971年
日本語で読める唯一の中世イタリア都市概観。
◆藤沢道郎『物語イタリアの歴史』全2巻　中公新書　1991／2004年
人物でたどるイタリアの歴史。中世にも詳しい。
◆佐藤眞典『中世イタリア都市国家成立史研究』　ミネルヴァ書房　2001年
バルバロッサとミラノの対立を中心に据えた専門研究。
◆ジョナサン・フィリップス『第四の十字軍　コンスタンティノポリス略奪の真実』
野中邦子、中島由華訳　中央公論新社　2007年
権威による第4回十字軍の全体像。専門書ながら大変読みやすい。
◆齊藤寛海、山辺規子、藤内哲也編『イタリア都市社会史入門　12世紀から16世紀まで』　昭和堂　2008年
第一線の専門家の手になる中世イタリア都市研究入門。
◆ジョン・ラーナー『マルコ・ポーロと世界の発見』　野崎嘉信、立崎秀和訳　法政大学出版局　2008年
ポーロ『驚異の書』を軸に中世後期の世界像の展開を論じた名著。
◆北原敦編『新版世界各国史15　イタリア史』　山川出版社　2008年
文化が重層する中世イタリアの骨格を論じた最新の概説。
◆E.Peters(ed.), Paul the Deacon, *History of the Lombards*, Philadelphia, 1975
イタリア初期史にとって最も重要な史料の英訳。
◆G.Arnaldi, *Italy and Its Invaders*, Cambridge,Mass., 2005
外来者との関係から見たイタリア史。
◆D.M.Deliyannis, *Ravenna in Late Antiquity*, Cambridge, 2010
ラヴェンナの歴史に関する最新の研究。

写真
菅野康晴　P1-88右, 89-121, 125-135, 137-158
筒口直弘　P124
金沢百枝　P136

装丁
川島弘世

図版制作
網谷貴博＋村大聡子（アトリエ・プラン）

シンボルマーク
久里洋二

表紙フォーマットデザイン
平野甲賀

協力
粉川妙　吉田友香子　イタリア政府観光局（ENIT）

とんぼの本

イタリア古《こ》寺《じ》巡礼《じゅんれい》 ミラノ→ヴェネツィア

発行　2010年9月25日

著者　金沢《かなざわ》百枝《ももえ》　小澤《おざわ》実《みのる》
発行者　佐藤隆信
発行所　株式会社新潮社
住所　〒162-8711 東京都新宿区矢来町71
電話　編集部 03-3266-5611
読者係 03-3266-5111
http://www.shinchosha.co.jp
印刷所　凸版印刷株式会社
製本所　加藤製本株式会社
カバー印刷所　錦明印刷株式会社

ISBN978-4-10-602207-4　C0326